青少年 ケアストレスカウンセラー 〈公式テキスト〉

Care Stress Counselor

厚生労働省認可法人
財団法人 職業技能振興会 監修

SOGO HOREI Publishing Co., Ltd

はじめに

　児童相談所に寄せられる児童虐待の相談は、年々増加しています。「いじめ」を背景とした若者の自殺の問題も深刻です。本来なら安全で安心できる家庭や楽しいはずの学校が、子どもたちにとってつらい場所になってしまっている現実があります。

　ネットワークが発達したとはいえ、子どもたちの生活や人間関係の中心は、やはり家庭と学校です。

　子育ては、大きな喜びや生きがいをもたらしますが、一方で大きなストレス要因ともなります。

　子どもは成長していく中で、日々、初めてのことを経験しますが、それは同時に、育てる親にとっても、親としての初めての経験を積み重ねているということになるのです。そのことを、親自身も周りの大人も理解する必要があるでしょう。

　ちょっとした「気づき」と「思いやり」で子育て環境は良いものに変えられます。

　責任感のある真面目な親ほど、「こうあるべき」という正しさを求めてしまいがちです。しかし、子育てに「正解」はありません。もちろん「失敗」もありません。あるのは、親子に蓄積された「経験」です。

　また、子どもたちが1日の長時間を過ごす学校における先生方が、1人ひとりの子どもとどれだけ率直に向き合い、子どもたちの様々な心のあり方に気づいて対応できるかも重要な課題です。

　安心できる環境の中で、たっぷりの愛情のもと、子どもたちが心も身体も伸び伸びと育っていけるよう、親や教師を始めとした大人たちができること、しなければいけないことを、真摯に考えていかなければなりません。

　「青少年ケアストレスカウンセラー」は、「子どもたちがより良く育っていけるようにサポートする」ことを目的とした資格です。

　本書で学ぶことで皆様の生活が充実し、またカウンセラーとして活躍するための様々な学習を重ねていく契機となることを、心よりお祈り申し上げます。

厚生労働省認可法人　財団法人職業技能振興会
理事長　兵頭大輔

青少年ケアストレスカウンセラー ◆ 目次

Part1 子どもとストレス

Step1 子どもとストレス
- Step1-1　良いストレス悪いストレス ……… 12
- Step1-2　ストレスが引き起こす心身の不調 ……… 18
- Step1-3　心身症の診断と治療 ……… 22
- Step1-4　ストレスへの気づきと心身症予防 ……… 26

Part2 ストレスに強くなる

Step1 ストレスと上手につきあう方法
- Step1-1　子どものストレスを分析する ……… 38
- Step1-2　子どもを取り巻く環境を分析する ……… 42
- Step1-3　考え方を変えるためのヒント ……… 46
- Step1-4　ストレスに直面したときの対処方法 ……… 51

Step2 ライフスタイルを見直してストレスに強くなる
- Step2-1　子どもと家族のライフカルテを作成する ……… 62
- Step2-2　1週間の生活リズムとバランスをチェックする ……… 69
- Step2-3　子どもと家族の生活スタイルを見直す ……… 75
- Step2-4　ストレス・マネジメント・チェック ……… 80

Part3 青少年期におけるコミュニケーション

Step1 子どもをめぐる人間関係と"オトナ扱い"の難しさ
- Step1-1 青少年期の子どもの特徴とコミュニケーション …… 92
- Step1-2 子どもの話を積極的に聴くためのテクニック …… 96
- Step1-3 子どもの話を引き出し、整理するためのテクニック …… 100
- Step1-4 家庭での会話をはずませるためのヒント …… 104

Step2 上手な自己主張のススメ
- Step2-1 自己表現の3つのタイプ …… 114
- Step2-2 子どものためのアサーション・トレーニング …… 118
- Step2-3 主張の内容によるアサーションの種類 …… 124
- Step2-4 得意な主張苦手な主張をチェック …… 128

Part4 家庭でできるリラクゼーション

Step1 リラクゼーションの効果
- Step1-1 ストレスにはリラックス・リラックス …… 140
- Step1-2 リラックス状態とは …… 144
- Step1-3 効果的なリラクゼーション …… 148
- Step1-4 その場でできるリラクゼーション法 …… 151

Step2 さまざまなリラクゼーション法

- Step2-1　自律訓練法 …………………………………………………… 162
- Step2-2　漸進的筋弛緩法 ……………………………………………… 167
- Step2-3　イメージ・トレーニング法 ………………………………… 171
- Step2-4　ストレッチ体操 ……………………………………………… 175

Part5 子どもの発達課題と親・家族・家庭の役割

Step1 青少年期に特徴的な発達課題

- Step1-1　エリクソンによるライフサイクルと発達課題 …………… 192
- Step1-2　自我の形成と反抗期 ………………………………………… 196
- Step1-3　親の養育態度と子どもの性格 ……………………………… 201
- Step1-4　アイデンティティとモラトリアム ………………………… 205

Step2 子どもと家庭を取り巻く問題の早期発見のためにできること

- Step2-1　出産・育児と親子関係 ……………………………………… 216
- Step2-2　子どもの虐待 ………………………………………………… 220
- Step2-3　不登校とひきこもり ………………………………………… 227
- Step2-4　家庭内の暴力 ………………………………………………… 233

Part6 起こり得る家庭内の心の病とその予防

Step1 さまざまなメンタル疾患への対応

- Step1-1　強迫性障害 ……………………………………………… 250
- Step1-2　過換気症候群 …………………………………………… 254
- Step1-3　依存症 …………………………………………………… 258
- Step1-4　睡眠障害 ………………………………………………… 262

Step2 子どものメンタル疾患への対応

- Step2-1　発達障害 ………………………………………………… 272
- Step2-2　摂食障害 ………………………………………………… 276
- Step2-3　子どものPTSD ………………………………………… 280
- Step2-4　子どもの自殺 …………………………………………… 284

図表作成　横内俊彦
ブックデザイン・イラスト　土屋和泉

Part1

子どもとストレス

Step 1

子どもとストレス

　ストレスは心と身体にさまざまな影響を及ぼします。子どもも大人同様に、ストレスを感じています。ストレスへの気づきが、心身の不調や病気を防ぐために重要です。

ストレスとは

　"育児ストレス""受験ストレス"などの言葉をニュースで耳にすることが多いですが、そもそも"ストレス"とは何をいうのでしょうか。
　ストレス（stress）とは、もともとは**物理学**の用語であり、外部から力が加えられたときに生じる"歪み"のことをいいます。これを、カナダの生理学者であるハンス・セリエが、生物や医学の領域に導入して一般化されました。
　ストレスとは、外部からの刺激によって引き起こされる生体側の歪みです。外部から何らかの刺激が与えられると、生体の恒常性（ホメオスタシス）が乱れ、防御反応を引き起こします。この生体反応が、ストレスです。

ストレッサーとストレス反応

　ストレスを引き起こす外部からの刺激を、**ストレッサー**（stressor）といいます。ストレッサーによって引き起こされる生体反応を、ストレスあるいは**ストレス反応**と呼びます。
　生体には、ストレスから身を守り、ホメオスタシスを維持しようとする働きが備わっています。ストレスの種類にかかわらず、類似した反応を示します。
　この防御反応は、次の3段階に分類されます。

1	警告反応期	ストレッサーから生体を防御しようと、一連の反応・機能が働く
2	抵抗期	ストレッサーに対して、積極的に抵抗し、適応しようとする
3	疲憊期(ひはいき)	ストレッサーにさらされ続けた結果、生体の抵抗能力が消耗してしまう

ストレッサーの種類

生体に歪みや変化を生じさせる刺激は、すべてストレッサーといえます。

大きく、物理化学的ストレッサー、生物的ストレッサー、心理社会的ストレッサーに分類することができます。

物理化学的ストレッサー	気温、気圧、天候、騒音、振動、有害物質など環境による刺激
生物的ストレッサー	病気、ケガ、疲労、睡眠不足、栄養不足など生体に直接生じる
心理社会的ストレッサー	精神的苦痛、怒り、不安、人間関係、プレッシャーなど

これらのストレッサーは別々に作用するのではなく、密接に、複雑に関連して、ストレス反応を引き起こしているといえます。

よって、子どもも大人と同じように、普段の生活のなかでさまざまなストレスを感じています。子どもはストレスを言葉で上手く表現できなかったり、ストレスを自覚することができない場合も多く、同じ原因のストレスでも、大人より傷つきやすく、精神的衝撃が大きいといえます。

子どもは大人より、ストレスに対して**敏感**で、ストレスの**感じ方**や**現れ方**も違う、ということを認識しておく必要があります。

良いストレス
悪いストレス

心理社会的ストレッサー

　心理的あるいは社会的にストレスを与える心理社会的ストレッサーは、次のように分類することもできます。

人間関係での問題	親子関係、家族関係、友人関係など
役割上の問題	役割負担、能力と役割、役割喪失など
欲求の阻害	食欲の阻害、支配欲の阻害など
環境の問題	環境の変化など

　子どもにとっては、**学校**と**家庭**が生活の中心であり、友人関係、学校とのかかわり、家庭での自分の居場所、親やきょうだいとの関係などがストレスの原因になります。

ストレス＝悪いもの？

　「ストレス＝悪いもの」ということではありません。そもそも、ストレスをまったくなくしてしまうということは不可能です。ストレスは、**その内容と程度**が問題となります。

　ストレスがない状態が逆にストレスとなることもあります。たとえば、自分の部屋で過ごすことは、友だちとの関係に気をつかわなくてよいかもしれませんが、何もすることがない状態が長く続くと、"つまらない"とストレスになり得ます。

　また、ストレスを解消しているようにみえる行為がストレスを生むこともあります。たとえば、ゲームに興じている子どもは、ストレス

を解消してスッキリしているかといえば、ゲームが上手くクリアできずに、長時間のプレイで心身ともに苦痛を感じている場合もあるのです。

過剰なストレスは、心身に悪い影響を与えますが、私たちには、"**適度なストレス**"が必要なのです。

"良いストレス"と"悪いストレス"

ストレスは、心身への負荷であると同時に、負荷に耐える力をもたらしてくれます。適度なストレスを受け、それに対応・対抗することを繰り返すことで、心身が鍛えられます。ストレスに耐える力を培うことなく大人になってしまうと、子どもの頃とは比べものにならないくらい強いストレスを受けたときに対応できなくなってしまいます。

心身ともに成長過程にある子どもたちは、"適度な良いストレス"を受けて鍛えることが必要であるといえるでしょう。

では、"良いストレス"と"悪いストレス"の違いは何でしょうか。「良い成績をとること」を親から期待されている子どもを例に考えてみましょう。親からの期待は、ストレスです。
「親の期待に応えたい」という気持ちが勉強へのモチベーションとなり、結果的に成績の上昇につながれば、それは"良いストレス"であったといえます。

逆に、「親の期待に応えなければならない」とプレッシャーを感じて、それに押しつぶされてしまっては、それは"悪いストレス"であったということになります。

つまり、結果的に、抵抗力や適応力など、**力を増してくれたもの**が"良いストレス"で、**力を低下させてしまうもの**が"悪いストレス"だということです。

"悪いストレス"にしてしまわないように

　同じストレスでも捉え方によって良い方にも悪い方にもなることは、先の例で述べた通りです。ストレスに対して敏感で、ストレスから受ける影響が大きい子どもに対しては、まわりの大人が、"**悪いストレス**"にしてしまわないよう配慮することも必要です。

　「お兄ちゃんはできたのに」「○○ちゃんは△△だって、すごいね」などと、親は、子どもに発破をかけるつもりで、きょうだいや同級生と比較するようなことを、つい言ってしまうことがあります。子どもへの期待の現れであるともいえるのですが、子どもの性格によっては要注意です。

　比較対象をライバルと捉え、「負けないようにがんばるぞ」と捉えられる子どもは、それが良い刺激となって、良い結果につながる可能性が高いのですが、度を超すと、「どうせ自分はできないから」と比較されることにうんざりし、自信をなくしてしまいかねません。

　一方で、「なんでも好きにすれば」という親の態度が、子どもにとって、「期待されていない」「関心を持ってもらえない」というストレスになることもあり得ます。

　子どもにとって、どういった状況が負担となるのか見極め、"**良いストレス**"にしていくことが重要です。

"おりこうさん"にも要注意

　子どものストレスには、子ども自身の性格や、まわりの環境、まわりの人間関係などが複雑に絡んできます。

　一般に、人の顔色をうかがって自己主張ができなかったり、物事を考え込んでしまうタイプの子どもは、ストレスを受けやすいといえます。規律を守ることばかりに神経をつかう融通の利かないタイプもス

トレスが溜まりやすいといえます。

　また、小さいときから手がかからず、育てやすかった、いわゆる"おりこうさん"タイプの子どもは、無意識のうちに、親に心配や迷惑をかけまいとして、気づかないうちにストレスを溜め込んでいる場合もあるので要注意です。

　子どもとの関係だけでなく、両親の夫婦関係の良し悪しなど、家庭のなかの緊張状態もストレスとなります。

　家（家族）が、子どもにとって**安心して気持ちを解放できる場所**であるよう常に配慮が必要です。

子どもの視点でストレスを測る

　心も身体も成長・発達の途中にある子どもは、とてもアンバランスな状態にあります。そこに大きなストレスがかかったときの心身に与える影響は、大人以上であるといえます。

　また、ストレスへの直面の仕方が大人とは異なる場合も多いのです。

　"転勤による引っ越し"という例で考えてみましょう。引っ越しによる環境の変化が、ストレスです。

　大人の場合は、「転勤があるかもしれない」という心の準備ができているでしょうし、「転勤したら引っ越すのは仕方ない」と納得することができるでしょう。転勤先の情報を得て、人間関係などに対する準備をすることもできます。

　ところが、子どもの場合、「ある日突然、見知らぬ土地に行くことになった」「今までの友だちにもう会えなくなる」という状態なのです。突然、まったく別の世界に放り込まれてしまったという感覚を持ったとしても不思議ではありません。

　大人の視点で、大人の感覚でストレスを測るのではなく、**子どもの視点**で、**子どもの感覚**でストレスを捉え、その度合いを測ることが大

切です。

ストレスを言葉で表現できない子ども

　後にも述べますが、ストレスは言葉で表現することで軽減されることもあります。ストレスの原因を分析・指摘することで、問題の解決に向けた行動に踏み出すこともできます。

　子どもたちにはこうした能力がまだ備わっていないことも多く、つらい状況になっても、**ひたすら耐えているだけ**という場合も多いといえます。こうした点にも留意してサポートする必要があります。

ライフスキルを伸ばす支援

　WHO（世界保健機関）は、どの時代、どの文化や社会においても、人間として生きていくために必要な力があるとし、ライフスキルと定義しました。

> ライフスキルとは、日常生活で生じるさまざまな問題や要求に対して、建設的かつ効果的に対処するために必要な能力である。

　ライフスキルには、次のスキルがあり、子どもたちが、これらを伸ばしていけるようなサポートが求められます。

意思決定	生活に関する決定を主体的に、建設的に行う力
問題解決	日常の問題・課題を建設的に処理する力
創造的思考	どんな選択肢があるのか、アイデアを生み出す力

批判的思考	情報や経験を客観的に分析・評価する力
効果的コミュニケーション	状況に応じた方法で、自分を表現する力
対人関係スキル	良好に人との関係を構築・維持・解消できる力
自己認識	自分自身の長所や短所、性格を知る力
共感性	自分が知らない状況に置かれた人の立場でも、その人の立場で理解できる力
情動への対処	自分や他者の情動に適切に対処できる力
ストレス・コントロール	ストレスを認識してコントロールできる力

ストレスが引き起こす心身の不調

ストレス反応のしくみ

　生体に備わっている**ホメオスタシス**の維持機能とは、主に、自律神経系、内分泌系、免疫系がバランスをとっている状態を保つことであるということができます。ストレス反応とは、ストレッサーによってこのバランスが崩れたとき、それを立て直そうとする反応です。特に、視床下部 - 下垂体 - 副腎系が重要な役割を担います。

　大まかにいうと、ストレッサーによって視床下部が刺激されると、下垂体からホルモンが分泌したり、さらに副腎からホルモンが分泌したりと、内分泌系や自律神経系に影響を与えます。この内分泌系と自律神経系の変化が、免疫系に影響して、さまざまなストレス反応を生じさせます。

　ストレス反応とは、ストレスに対して、「**闘うか、逃げるか**」といった差し迫った事態に対応するためのものであるといえます。よって、闘ったり逃げたりすることについて必要な力は最大化され、エネルギーが消費される態勢が整えられます。逆に、当面は必要ない機能は最小化されます。

　ストレスによって、**交感神経系**と**副腎皮質ホルモン系**が活性化されることが知られています。

ストレスによる症状

　ストレスにより、身体面や精神・心理面にさまざまな症状がみられます。

身体面	動悸、息苦しさ、手足のしびれ、のぼせ、頭痛、肩こり、倦怠感、疲労感など
精神・心理面	緊張感、イライラ、不安感、焦燥感、抑うつ感、無気力、意欲低下、情緒不安定など

また、行動的な反応として、大きく、**回避反応**と**発散**がみられます。

子どもの症状の訴え

ストレスによる症状は、大人も子どもも基本的には変わりません。しかし、年齢が低いと語彙も少ないため、自分に起こっている症状を的確に表現できず、**大雑把な訴え**となってしまいます。

たとえば、息苦しさ、めまい、倦怠感といった異なる症状も、すべて「**気持ちが悪い**」となってしまいます。

子どもの「気持ちが悪い」という訴えに対しては、「息がハアハアする？」「吐きそう？」「頭がくらくらする感じ？」「身体に力が入らない感じ？」などと質問して、詳しく聞き出す必要があります。

ストレスと病気

ストレッサーの作用が強かったり、ストレス状態が長く続くと、ホメオスタシスが維持できなくなり、さまざまな障害が生じます。

ストレスの身体反応の代表的なものは、**心身症**です。心身症とは、「身体疾患の中で、その発症や経過に心理社会的因子が密接に関与し、器質的ないし機能的障害が認められる病態をいう。ただし、神経症やうつ病など、他の精神障害に伴う身体症状は除外する」と定義されています。

心身症という１つの病気ではなく、病気の起こり方や進行に**ストレスが密接に関与している**身体の病気全般の総称です。

心身症の代表的なものには、次のような病気があります。

> 胃潰瘍、十二指腸潰瘍、便秘症、神経性嘔吐、気管支ぜんそく、アトピー性皮膚炎、じんましん、甲状腺機能亢進症、筋緊張性頭痛、過換気症候群、過敏性腸症候群、円形脱毛症、メニエール症候群　など

　ストレスによって自律神経の調整機能に狂いが生じて、さまざまな症状が現れるものを、まとめて**自律神経失調症**ということがあります。「検査をしても、その症状を裏づける所見が見いだされず、また器質的病変がないのにさまざまな不定愁訴を訴える状態」と定義されるように、症状はさまざまで、明確に診断するのは困難です。あいまいなときに便利な病名として利用されているケースも多いようです。

子どもの心身症

　子どもは、大人よりも**心と身体の相関が強い**といえます。ストレスを受けたときに、身体面が未成熟であることも影響して、自律神経のバランスを崩しやすく、精神症状だけでなく、身体症状を伴うことも多いです。

　不登校児に腹痛などの身体症状が出たり、虐待を受けた児童に成長障害がみられたりするだけでなく、極度の緊張で高熱が出ることがあります。手術の当日に急に高熱が出たけれど、手術中止が決まったらすぐに熱は下がった、というような例もあります。

　子どもの心身症は、次のような特徴があります。
- 症状の種類や程度が日によって異なる
- 学校が休みの日は、症状が軽くなる
- 頻繁に症状を訴え、訴え方がオーバーである

子どもの自律神経失調症

　自律神経系には、**交感神経**と**副交感神経**があります。意思とは無関係に、ホメオスタシス維持のために働きます。交感神経と副交感神経は、互いに反する作用を持ち、一方を促進すると、他方が抑制され、**バランス**をとっています。

　成長・発達過程にある子どもは、2つの自律神経がバランスよく発達しない時期があり、そのアンバランスで下痢や便秘、低血圧などの症状が現れる場合があります。「朝、起きられない」「お腹が痛い」「頭が痛い」といった訴えは、自律神経失調状態によるものであることもあります。成長すれば自然にそれらの症状は治まっていくものですが、なんらかの身体疾患の可能性も否定はできません。

　いずれにしても、「たるんでいる」「気持ちの問題だ」と精神論で片付けず、子どもの訴えに耳を傾け、対応することが必要です。

心身症になりやすい性格

　心身症は、ストレスを上手く解消することができず、心の奥底に溜め込んでしまいやすい人がなりやすいといえます。

　心身症になりやすいタイプとして、次のようなものがあげられます。
- 想像力が不足している
- 自分の感情を言語化することが苦手
- 些細なことにこだわる

　これらは、**失感情症（アレキシサイミア）**と呼ばれます。

　ストレスを感情的に処理しないまま無意識に抑え込んでしまい、やがて身体症状となって現れてくると考えられています。

　子どもの場合、"がんばり屋タイプ"で、"頑固""神経質"で、"人前で緊張しやすい"性格傾向で症状が現れやすいようです。

Step 1-3

心身症の診断と治療

除外診断を行う

　心身症では、まず、その症状が心身症以外の病気ではないことを確定させる必要があります。これを、**除外診断**といいます。

　思いあたる原因があり、ストレスによる心身症であることが疑われても、他の身体疾患や精神疾患が見逃されることがないよう、診察や検査は、必ず行います。

　子どもの場合、症状を訴えても、大雑把であったり、的確に表現しているとは限りません。また、自分から症状を訴えることができない場合もあります。

　安易に「ストレスのせい」と決めつけることなく、身体疾患の可能性も否定せずに、小児科を受診する必要があります。

　子どもが、「頭が痛い」「お腹が痛い」「気持ち悪い」という3つの症状を同時に訴えた場合、心身症の可能性が高いといえますが、症状の背後に脳腫瘍やてんかんなどの身体疾患が隠れていることもあるのです。

心身症の診断

　除外診断を行いながら、身体症状の観察・評価、心理社会的状況の把握・評価を行い、心身症の可能性について検討していきます。

- 現れている症状はストレスによって引き起こされやすいものか
- ストレスを受けやすい性格傾向がみられるか
- ストレスを受けやすい環境に置かれているか　など

- 過去に同じようなことがあったか
- 他に同じようなエピソードはないか　など

　ストレスによる自律神経系、内分泌系、免疫系の不調などが疑われ、それに相応した症状が現れている場合、**心身症と診断**されます。

子どもの心身症の特徴

　大人と比べて**心身が未分化**な子どもの心身症では、一般的に次のような特徴を示すといいます。
- 心と身体、自我と環境の境界が曖昧である
- 環境要因が心身症の直接的誘因となりやすい
- 大人以上に体質や気質が影響する
- 心身症の発症機序(きじょ)は単純で一過性、かつ症状を繰り返す
- 成長発達に伴って症状が変動する
- 病識が乏しい

心身症の治療

　"**ストレスへの気づき**"を促すことが、治療の基本的な方針となります。心身症では、客観的にストレスが身体症状を引き起こしているのが明らかにみえても、本人は気がついていないことが多いです。ストレスのせいであることを、本人が納得しない場合もあります。
　ストレスによって身体症状が引き起こされるメカニズムを理解し、

自分のストレスとストレス症状を客観視することが治療の第一歩です。
　大人の場合は、**認知行動療法**や**自律訓練法**などが行われます。

心身症の薬物療法

　ストレス症状の緩和、ストレス症状による二次的な不安感や抑うつ感に対して、**抗不安薬**を用いた薬物療法が行われます。抑うつ感が強い場合は、**抗うつ薬**が用いられることもあります。

低年齢の子どもの心身症治療

　年齢の低い子どもは、自分のストレスやストレス症状を客観視することは難しいので、次のような観点からの治療が行われます。

- 身体症状の軽減
- ストレスの軽減
- 環境調整
- ストレスに対する対応能力を高める

　子どもにとって身体症状はつらいものです。そのつらさ、苦しさを緩和してあげることが大切で、必要であれば、**薬物療法**も行います。
　子どもを取り巻く人間関係、養育態度、教育的環境など、**環境へ介入**し、調整を行います。
　子ども本人が、より自由に自己表現でき、適応能力を身につけていけるよう援助します。

子どもへの心理療法

　成長発達過程にある子どもでは、心理的治療の目的を、認知や行動

を変容させるというより、**人格の形成を助ける**ことを中心に置きます。

治療過程では、次の5つの"R"の指標・段階を経ていくと考えられます。

1	Relieve	救援	まわりの大人が子どもの苦痛や問題を可能な限り軽減させる
2	Relate	人間関係の成立	治療者と子どもの良好な人間関係の構築
3	Release	情緒解放	心理的葛藤や不安などの情緒の表出
4	Relearning	再学習	自分自身とそれを取り巻く世界に対する態度や認識を見直し、より現実的な態度を学習
5	Relax	寛解（かんかい）	1〜4の作業を通して、症状の寛解と、次の成長過程へ進む態勢をつくる

まわりの大人による援助

まわりの大人は、子どもの訴えを認め、**"つらさ"に共感する**ことが大切です。ストレス状況が少しでも軽減するよう、一緒に考えてあげます。

たとえば、塾通いが重い負担になってストレス状況をつくり出しているのであれば、塾をやめるというのも1つの方法です。

身体症状にとらわれないよう、気分転換の方法を考えることも有効です。

ストレス状況に対して、どのように対処していけばよいか、子どもと話しながら、一緒に考えていくことも大切です。

ただし、子どもの心に無理矢理踏み込むようなことは避けなければなりません。

ストレスへの気づきと心身症予防

病気の一歩手前でとどめること

　誰でも、極度に緊張すると胃が痛くなったり、頭が痛くなってきたりと、身体に不調が生じた経験はあるでしょう。ストレスで心身に不調が生じることは、ストレス反応のメカニズムからも特別なことではありません。
　身体の不調を慢性化させたり、悪化させたりして、"病気"となってしまう手前でとどめることが重要です。不調に陥ったときも、**すぐに回復できる力**をつけておく必要があります。

子どもにとっての"からだことば"

　子どもにとって、ストレスによる身体の不調や症状は、"**からだことば**"といわれるように、子どもの内なる世界の表現であり、メッセージです。身体を通して表現されたメッセージを、まわりの大人が正確に受け止め、応えてあげることが大切です。
　児童精神医学の研究者であるカナーによると、子どもの身体症状には、次のような意味があると捉えることができます。

1	入場券	医療機関の受診へとつなぐ入場券の役割
2	信号	心身に迫る危機への警告信号の役割
3	安全弁	症状があることで、最悪の事態を回避し、決定的な自我の危機から守る
4	問題解決手段	心理的葛藤の要因となる問題を解決するための手がかりの役割

| 5 | 厄介者 | 周囲が気づくためのおおげさな訴え |

見守りとスキンシップ

　子どもは、言語能力がそこまで発達していないということもあり、「ストレスが溜まっている」「ストレスでつらい」ということを言葉で訴えることは少ないです。そもそも、ストレスをストレスとして自覚することも難しい場合も多いでしょう。そこで、まわりの大人が注意深く**見守る**必要があります。

　普段から子どもの言動をよく観察して、いつもと違うところはないか、気をつけることが大切です。いつもより元気がないという場合だけでなく、いつも以上に元気すぎる場合も、何か無理をしていないか、不調を隠すためにわざとそうしているのではないか、と疑ってみることも必要です。

　特に、小さい子どもの場合は、抱き上げたり、**スキンシップ**をとりながら、いつもと違うところはないか、観察します。

　子どもの視点で、**子どもの感覚**で、ストレス要因となるような変化が生じていないか、意識しながら見守ることが、気づきと予防のためには大切です。

"困った行動"はストレスサインかも

　大人にとっては"困った行動"にみえる子どもの言動が、子どもが発する**ストレスサイン**である場合もあります。対応に困るような行動が続いた場合、ストレスかもしれないと考えてみることが、心身症予防には大切です。

○行動の変化
- 学校に行きたがらない
- 学習への意欲が乏しくなる
- 家族に反抗的になる
- 休日でも家に閉じこもりがちになる
- ゲームや習い事など、好きなことでもやりたがらない
- ささいなことで物を壊したり、人に攻撃的になったりする
- 何度も手を洗ったり、少しの汚れで着替えたりする
- ささいな物音に驚く
- 親のそばから離れない、強い甘えがみられる
- １人になるのを怖がる

○身体の反応
- 食欲がない、あるいは過食になる
- 身体の痛みやかゆみを訴える
- 眠れない
- 夜尿が始まる、あるいは増える
- 以前にはみられなかったチックが出たり、チックが激しくなる

○表情や会話
- ぼんやりしている
- ささいなことで泣く
- 元気がない
- 笑わなくなる
- 喜怒哀楽が激しい、あるいは無表情になる
- 学校や友だちのことを話したがらない
- 一方的に話し、会話が成立しない

文部科学省「子どものケアのために」（保護者用）より

"困った行動" がみられたら

　どんなとき、どのような場面で"困った行動"がみられるのか、よく観察して、情報を集め、分析することが大切です。家庭と学校で異なる様子をみせることもあるので、**連携**と**情報交換**が重要です。

　"困った行動"が続く場合、まわりの大人が、子どもの状態に合わない対応を繰り返している可能性もあります。原因がわからないまま焦って強引な対応をしてしまうと、問題が解決しないばかりか、子どもとの関係も悪化してしまいかねません。

　また、子ども自身も自分の状態をどうしたらよいかわからずに、よけいイライラしたり落ち込んだり、**悪循環**を起こしてしまうことも多いです。子どものつらさや感情を受容し、共感する対応が求められます。

親に対する配慮

　原因不明で子どもに"困った行動"が続くような場合、親のほうでも、育て方が悪かったのではないかと自分自身を責めたり、子育てに自信を失ってしまったりすることがあります。親のこのような態度は、子どもにも悪影響を与えてしまいます。自分自身を責めすぎたり、1人で抱え込んでしまわないで、**気軽に誰かに相談できる環境**を日頃からつくっておくことも、ストレスと心身症予防には大切です。

Step 1 子どもとストレス
理解度チェック

問題1 次の文章で適切なものには○を、間違っているものには×をつけなさい。

① ストレスとは、もともと物理学の用語である。[　]
② ストレスはすべて悪いものである。[　]
③ "おりこうさん" タイプの子どもは、ストレスを溜めにくい。[　]
④ ストレスへの直面の仕方は、大人も子どもも同じである。[　]
⑤ 子どもはストレスを言葉で表現できないことが多い。[　]

問題2 次の文章中の [　] 内で正しいものを選びなさい。

① ストレスによって、[ア 交感神経系　イ 副交感神経系] が活性化される。
② 心身症は、ストレスによる [ア 心理面　イ 身体面] の反応である。
③ 子どもの心身症では、学校が休みの日は症状が [ア 軽くなる　イ 重くなる]。
④ 子どもの自律神経失調症は、[ア 自然に症状が治まる　イ 治療しなければ重症化する] ことが多い。
⑤ 想像力が [ア 豊かな　イ 不足している] 人は、心身症になりやすい。

問題3 次の文章にあてはまる語句を、下記の語群から選びなさい。

① 心身症では、その症状が心身症以外の病気でないことを確定させ

［　　　　　］を行う。
②心身症では、ストレス症状緩和のために［　　　　　］が行われる。
③年齢の低い子どもの場合、人間関係や養育態度に介入する［　　　　　］が大切である。
④治療過程の5つのRのうち、心理的葛藤や不安などの情緒の表出の段階は、［　　　　　］である。
⑤治療過程の5つのRのうち、自分自身とそれを取り巻く世界に対する態度や認識を見直す段階は、［　　　　　］である。

語群
Ⓐ環境調整　Ⓑ除外診断　Ⓒ薬物療法　Ⓓ認知行動療法
Ⓔ Relax　Ⓕ Release　Ⓖ Relearning

問題4　次の文章で適切なものには○を、間違っているものには×をつけなさい。

①ストレスによる心身の不調は、すべて病気である。［　］
②子どもにとって、ストレスによる身体の不調は何らかのメッセージである。［　］
③子どもがいつも以上に元気すぎる場合、無理していないか疑ってみる必要がある。［　］
④子どもの"困った行動"は、ストレスサインかもしれないと考える。［　］
⑤子どものストレスに、親の態度は影響しない。［　］

子どもとストレス
理解度チェック 解答と解説

問題1

① ○ 物理学用語で、"歪み"のことをいいます。
② × 私たちには適度なストレスが必要で、"良いストレス"は、抵抗力や適応力などの、力を増してくれます。
③ × "おりこうさん"タイプの子どもは、無意識のうちに、心配や迷惑をかけまいと、ストレスを溜め込んでしまう傾向があるので、注意が必要です。
④ × 成長・発達の途中にあり、アンバランスな状態にある子どもは、ストレスの影響を受けやすくあります。子どもの視点・感覚でストレスの度合いを測ることが大切です。
⑤ ○ 子どもは、ストレスを言葉で表現する能力がまだ備わっていないことも多く、つらい状況にひたすら耐えている場合もあるので、その点に留意してサポートします。

問題2

① ア ストレスによって、交感神経系と副腎皮質ホルモン系が活性化されます。
② イ 心身症は、病気の発症や進行にストレスが密接に関与している身体の病気全般をいいます。
③ ア 学校が休みの日は症状が軽くなったり、症状の種類や程度が日によって異なったりするという特徴があります。
④ ア 成長すれば自然に自律神経失調症の症状は治っていくことが多いです。
⑤ イ 想像力が不足していたり、感情を言語化することが苦手であったり、失感情症の人は心身症になりやすいといいます。

問題3

① Ⓑ（除外診断）：ストレスによる心身症が疑われても、診察や検査を行い、除外診断をすることが必要です。
② Ⓒ（薬物療法）：不安感や抑うつ感に対しては、抗不安薬などが用いられます。
③ Ⓐ（環境調整）：子どもを取り巻く環境へ介入し、調整を行います。
④ Ⓕ（Release）：情緒解放の段階です。
⑤ Ⓖ（Relearning）：再学習の段階です。

問題4

① ✕ ストレスで心身に不調が生じることは誰にでも起こり得ることなので、慢性化させたり悪化させたりして病気にならないよう、一歩手前でとどめることが重要です。
② 〇 "からだことば"といわれ、身体を通して表現されたメッセージとして受け止めます。
③ 〇 不調を隠すためにわざと元気にしているのではないかと疑ってみる必要があります。
④ 〇 大人にとって"困った行動"は、子どもが発するストレスサインである場合もあります。
⑤ ✕ 親が子育てに自信をなくしてしまったり、自分を責めたりする態度は、子どもに悪影響を与えることがあります。

Part2

ストレスに強くなる

Step 1

ストレスと上手に つきあう方法

　子どもたちは、とてもデリケートですが、柔軟性もあり、新しいことを吸収したり適応したりする力があります。ストレスとの上手なつきあい方を身につけていくためには、家族やまわりの大人たちの反応も重要です。

ストレス耐性とは

　ストレスに対して、どの程度まで障害が生じることなく耐えられるかを、**ストレス耐性**といいます。ストレス耐性が高い人は、ストレスに強い人です。ストレス耐性とは、ストレスに対する脆さ、弱さと言い換えることもでき、ストレス耐性が低いと、ちょっとしたストレスでも心や身体、社会生活に支障をきたしてしまうことになります。

　ストレス耐性に影響を与える要因として、1つには、その人の性格や考え方や行動のパターンなど、パーソナリティがあります。もう1つには、その人のさまざまな経験があげられます。子どもは絶対的に経験が少ないですから、大人に比べてストレス耐性は低いといえます。

ストレス耐性を高める

　ストレス耐性は生まれつき決定されているものではありません。運動で身体を鍛えることができるように、意識的にストレス耐性を高めていくことも可能です。

　ストレス耐性を高めるためには、まず、どのようなことがストレスになっているのか、そのストレスはどの程度の影響を与えているのか、

ストレスへの対処法として何が有効か、など個人のストレスについて客観的に把握し、理解していくことが必要です。

このように、ストレス耐性を高め、ストレスとうまくつきあっていこうとする考え方や方法を、ストレス・マネジメントといいます。

ストレス・マネジメント

ストレスへの対応については、単純にストレスの原因自体を減らすことを中心に置くのではなく、自分なりの方法で適切に対処し、ストレスをコントロールして上手につきあっていくのが望ましいと考えられています。これを、**ストレス・マネジメント**といいます。

ストレス・マネジメントは、主に"悪いストレス"への対処が中心となります。ストレス・マネジメント能力を高めることで、子どもだけでなく家族全員の成長を促すことができるのです。

私たちは意識的に、あるいは無意識のうちにストレスに対処しようとしています。歪んだビーチボールを、最も均整のとれた真ん丸に戻そうと、心や身体が反応しているのです。しかし、その方法が偏っていたり、適切でなかったり、効果的ではない場合、やはり心身への影響が出てしまいます。心身ともに健康的な生活を送るためには、上手にストレスとつきあうための方法、つまり、ストレス・マネジメントが大切なのです。

子どものストレスを分析する

3つの面からの分析

　ストレス・マネジメントは、ストレスについて知ることから始まります。子どものストレスをよく知るために、**ストレス状況**、**ストレス反応**、**ソーシャル・サポート**の3つの面からストレスを把握し、分析します。

ストレス状況を把握する

　現在のストレス状況がどのようなものであるかを客観的に把握し、分析します。

> 何がストレッサーとなっているのか
> 　⇨肉体的な暴力？　精神的な圧迫？　先輩後輩・友人との関係？　教師との関係？　その他の苦痛？
> どの程度のストレスになっているか
> 　⇨心身に具体的な反応は出ているか？
> 対処方法はあるか
> 　⇨自分で適切に対処できるか？　外部のサポートが必要か？
> 　⇨自分で対処できる状況か？　サポートが得られる状況か？
> 現在の状況
> 　⇨現在もストレス状況下にあるのか？　悪化していないか？

ストレス反応を把握する

　現れているストレス反応を把握し、生じやすい反応のパターンについて分析します。

> **身体面に出ている反応は**
> ⇨不眠、睡眠過多、食欲不振、食べすぎ、胃もたれ、胃痛、便秘、下痢、頭痛、高血圧、動悸、不整脈、肩こり、腰痛、背中の痛み、息苦しさ、過呼吸
> **精神・心理面に出ている反応は**
> ⇨落ち込み、イライラ、怒りっぽい、不安感、緊張感、無気力、なげやりになる、やる気が出ない、悲観的思考、否定的思考、集中できない、自分を責める、他人を責める、楽しめない、面白くない、寂しい、人恋しい、誰にも会いたくない
> **行動面に出ている反応は**
> ⇨攻撃的言動、逃避的言動、ライフスタイルの乱れ
> **どの面に反応が出やすいのか**

ソーシャル・サポートを把握する

　まわりの人間関係は、プラスに作用しているか、マイナスに働いてしまっているものはないか、把握します。

　プラスに作用しているものは、どのような点がストレスの緩和に有効に働いているのか、分析します。

　ストレスの緩和には、周囲の人々からの支援が有効です。これを、**ソーシャル・サポート**といい、次のような支援が考えられます。

情緒的支援	共感、配慮、信頼など、人間関係の情緒的結びつきによる支援
道具的支援	仕事を分担したり、看病したり、経済的に支援したり、直接的に行う支援
情報的支援	有益な情報を提供して、活用してもらおうとする支援
評価的支援	その人の考えや行動を認める支援

　特に、子どもは「仲間に受け入れられている」「大人から守られている」と実感できたときに安心できるので、**情緒的支援の有無**は重要です。

ストレス・チェック

　簡単なストレス・チェックをしてみましょう。あてはまるものに○をつけてください。

〔　　　〕①なかなか眠れないことがある。
〔　　　〕②やる気、集中力がない。
〔　　　〕③以前より持病があり、気になる。
〔　　　〕④他の人より遊んでいない方だと思う。
〔　　　〕⑤気をつかうことがあり、疲れている。
〔　　　〕⑥ちょっとしたことでも思い出せないことがある。
〔　　　〕⑦休日、外出しようと思うが、面倒になってやめてしまう。
〔　　　〕⑧最近何かに熱中することがなくなってしまった。
〔　　　〕⑨不安でたまらなくなり、疲れてしまうことがある。
〔　　　〕⑩自分はどちらかというとマイナス思考だ。
〔　　　〕⑪最近いろいろなことに興味を持つことが減った。
〔　　　〕⑫眠りが浅い、または朝起きられなくて困っている。
〔　　　〕⑬もっと体調がよくなりたい。
〔　　　〕⑭今より自分に自信が持てれば、成功すると思う。
〔　　　〕⑮もっと気楽になれたらなと思う。
〔合計　　　　　　〕

結果の見方

○の数＝**5個以内**：適度のストレスです。上手にストレス解消をしていると思われます。今のペースで生活をしていけばいいでしょう。

○の数＝**6〜10個**：やや強くストレスを感じています。もう少し自分の身体と心に気をつけて、ストレスと上手くつきあいましょう。

○の数＝**11個以上**：強いストレスを感じています。放っておけばいずれ、心身に何らかの影響が出るかもしれません。早急に対処法を考える必要があります。

子どもにとっての良いストレスと悪いストレス

　プラスに作用する良いストレスは、たとえば、学校でスポーツや勉強においてライバルとなる友だちができるなど、"刺激"しあえる状況ができたときに生まれます。

　それに対して悪いストレスは、心身に悪影響を及ぼすもので、マイナスに作用します。いじめや過度の期待、児童虐待、災害や事故などによるショックなどが原因となり、イライラ、集中力低下、不安、緊張などを引き起こします。

子どもを取り巻く環境を分析する

子どもを取り巻く人間関係

　子どもたちを取り囲む人間関係は**特に複雑**です。それは子どもたち自身が精神的に発展途上にあり、未成熟であるためです。未成熟な者同士で構成された**学校社会**と、**先生**という精神的に確立された大人との関係、さらに家庭におけるきょうだい、家族との関係など、広くない世界で生活しているのにもかかわらず、精神的な未熟さゆえに、大人以上に複雑な人間関係のなかにあるようです。

　精神的に未熟なもの同士でつくり上げられた世界では、受容体としてデリケートである部分と、他人にはとても粗雑であるという面が目に見えて存在しています。したがって、子どもたちは友人関係において、深く傷つけ、深く傷つけられている、という状況にあると考えられます。

　さらに、**家庭**では、親という成熟した人間と、子どもという未成熟な人間が生活をともにしています。家族だから理解できている、と過信するのは大きな過ちのもとになります。子どもにとって親は支配者であり、長じても理解し得ない最大の人間としか見られないのです。

　逆に、親にとっても子どもはいくつになっても子どもであり、ひとり立ちできない従属物のように考えがちです。したがって、家庭はストレスを和らげ、解消してくれる場所でありながら、一方では、**ストレスの温床**であることも否定できません。そういった人間関係の面からもストレスを捉えていきましょう。

子どもの人間関係を振り返る

　人間関係とストレス状況、ストレス反応には大きなかかわりがあります。たとえば、人間関係のトラブルはストレス状況になります。しかし、誰か手助けしてくれる人間関係があるとストレス状況は改善されます。八つ当たりやイライラなどのストレス反応で人間関係が悪くなることもあれば、誰かに話を聞いてもらって少し気が楽になることもあります。つまり人間関係にも、ストレスに対して**プラスに働くもの**と、**マイナスに働くもの**があるわけです。

　子どもの人間関係を振り返り、「ストレスとどういう関係があるのか？」「その人間関係はプラスに作用しているだろうか？　マイナスだろうか？　または、その両方だろうか？」と考えてみることが大切です。家庭や学校、校外活動などでの人間関係がうまくいっているかどうかは、ストレス・マネジメントに重大な影響を与えます。

　個人のストレス対応力を強めても、その個人を支える体制がなければストレスをうまく乗り切ることができません。

家庭の中での人間関係

　家庭の中での人間関係は、特に大きくストレス、およびストレス・マネジメントとかかわってきます。家庭の中で、誰と誰の関係が良く、誰と誰の関係が悪いのかを見極めていくことは大切なことです。

　また、子どもが困ったときに親がどのように対処しているか、また親が自分のストレスを子どもにぶつけていないかなどの点から、**親子の関係性**を見ていくことも大切です。

家族・家庭におけるストレス要因

　夫婦関係、親子関係、兄弟姉妹の関係など、家族間の人間関係はストレス要因ともなります。少子高齢化社会が進行し、核家族の増加、共働き世帯の増加、ひとり親家庭の増加、晩婚化、高齢者世帯の増加など、**家族のありかたは変化**しています。地域のつながりも希薄化し、家族が孤立してしまう傾向にあるといえます。育児不安や介護不安が生じ、深刻な問題へと発展してしまうケースもみられます。

　家族や家庭をめぐる問題では、**DV**、子どもや高齢者に対する**虐待**、**家庭内暴力**、**社会的ひきこもり**などが取り上げられます。

学校におけるストレス要因

　学校では、**いじめ**とそれを原因とする児童・生徒の**自殺**が深刻な社会問題として取り上げられています。文部科学省の定義によると、「いじめ」とは、「当該児童生徒が、一定の人間関係のある者から、心理的、物理的な攻撃を受けたことにより、精神的な苦痛を感じているもの」としています。**起こった場所は学校の内外を問わない**とされています。

　文部科学省では、子どもの"命"としっかりと向き合い、いじめや学校安全等の問題に対して、いつまでにどのようなことに取り組むのかを示す「いじめ、学校安全等に関する総合的な取組方針」を策定しています。これまで以上に学校、教育委員会、国、家庭や地域も含めた社会全体が一丸となって、いじめや学校安全等の問題に取り組んでいくことが必要とされています。

子どもの変化のサインを見逃さないための着眼点

生育状況
- 既往症
- 過去のトラウマ体験の有無

心身面の変化
- 病気にかかる頻度（風邪を引きやすくなった、発熱や腹痛が多くなった等）
- アレルギー症状（症状の悪化、新たな症状の出現等）
- 下校後の過ごし方（友達と遊ばなくなった、帰宅が遅い等）
- 家庭での様子（ふさぎこむ、学習に取り組まない、好きな遊びをやらない等）
- 睡眠の様子（寝付きが悪くなった、眠りが浅い、よく眠れない、怖い夢を見る等）

環境面
- 家族構成の変化（弟妹の誕生、父親の単身赴任、家族の死去、保護者の離婚・再婚、兄姉の自立等）
- 家庭環境の変化（新築、転居、1人部屋への移行等）
- 学校外の活動（習い事を始めたりやめたりした、習い事でのトラブルの有無等）

考え方を変えるためのヒント

価値観は変化する

　子どもにとって、小学生のころは小学校が生活のほとんどすべてです。中学生時代は中学校、高校生時代は高校と、生活の大半を**学校**とともに歩んでいきます。上の学校に進めば進むほど、社会とのかかわりが増え、**価値観**も大きく変わってきます。そして、大学を卒業するころには、すっかり社会人に近い感覚や価値観を持つようになってくるのです。

　ところが、それぞれの時代の只中にいるときには、目の前の問題がとても大きなものに見えるものです。後になって考えれば、何であんなことでクヨクヨしていたのだろう、と考えることばかりなのです。あるいは、友だちや両親のアドバイスで、今まで苦痛だと思っていたことが、逆に楽しく思えるようになったという経験も少なくないはずです。このように、時間の経過や視点を変えることによって、考え方を変えさせられることは多いものです。

認知の修正

　間違った思い込みがストレス状況をつくっている場合もあります。"違う考え方"があると自覚することで、ストレスが軽減したり、解消されたり、ストレスと上手につきあっていけるようにもなります。「こうあるべき」「こうしなければならない」という考え方はやめて、その状況を当たり前のことと捉え、前向きに考え、自分自身を受け入れるという**ポジティブ・シンキング**が大切です。

物事の捉え方の歪み

破局的な見方	最悪の事態を考えてしまう ちょっとした困難でも大きな破局や不幸な結末を想像してしまう
全か無かの思考	二者択一的に考えてしまう あいまいな状況や中間的状況を受け入れることができず、少しでも満たされないと、全否定したり、投げ出してしまう
過度の一般化	一事が万事の考え方 「結局、○○だ」と、すべてのできごとを1つの解釈に一般化してしまう
感情的判断	自分の感情から、できごとの意味や是非を判断する
自己関係づけ	関係ないできごとなのに、自分に責任があるように判断する
思いつきによる推論	思いつきで場当たり的に決めつけてしまう

当たり前に考える

　家庭においても世代間の**価値観の違い**や、親の育った環境の違いなどが原因で引き起こされるストレスなどがあります。親が幼いときにその親から教え込まれた**生活様式**や**価値観**が、今では時代錯誤となっていることや、たとえ正しいことであったとしても、風潮に合わないということも多いものです。

　私たちは自分勝手な考え方や、間違った思い込みのために、ストレスを感じてしまうことがよくあります。

　子どもにいたっては未熟な言語感覚も手伝い、誤解の渦の中で毎日生活していると考えてもいいくらいです。微妙な感情表現をしたいところを、ダイレクトな表現しか使えずに相手を傷つけたり、また傷つけられたりします。また、十分相手の真意を理解しないまま、曲解し、

思い込んだりすることも多いです。

　価値観を、守る方も、守らせる方にとっても、度が過ぎると負担になり**ストレスの原因**となります。

　このような「こうあるべき」「こうしなければならない」という間違った思い込み、当たり前ではない考えを直して、**当たり前**にしてみましょう。

　普通に考えたら、「勉強はできたほうがいいけど、いつもトップでなくてもいい。またがんばればいい」「ちょっとぐらい友達と意見が合わなくても、嫌われるとは限らない」わけです。もしそう考えられたら、ちょっと成績が下がったぐらいで落ち込まないでしょうし、友だちと意見が合わなくてもそれほど気にならないでしょう。

前向きに考える

　「注意されなくなったらおしまいだ」と子どもを叱る人がいます。子どもはその叱り方にさえ反発したり、落ち込んだりします。その言葉の意味を本当に理解できるのはずいぶん後になってからだろうと思われます。

　物事は、正確にそのものを捉えたり、**見方を変えたり**すれば、悪く捉えていたことを、良いように捉え直すことができます。

　関西弁の「アホ」は関東の人間からすればとても嫌味のある言葉に聞こえますが、関西ではとても愛嬌のある、親愛の情を含んだ言葉として使われています。そうしたことを知れば、今度「アホ」と言われても傷つくことはなくなるでしょう。むしろ相手に対して親近感がわいてくるかもしれません。

　たとえば、「先生にきつく叱られた」というのは、見方を変えれば「自分が今後失敗することのないように、指摘してもらった」と考えることもできます。子どもに、こうした発想の転換を促すのはなかなか

難しいかもしれませんが、家庭で、親が子どもの考え方を**ポジティブに切り替えられる**ように、常日ごろから話し合っていくことが望ましいでしょう。また、親も同様に「子どもが反抗期で、自分の言うことを聞かない」というのを、「自分の忍耐力が鍛えられるチャンスだ」「子どもの自立の第一歩だ」と、**前向き**に考えることもできるわけです。

自分に優しい言葉を使う

　日本語には「**言霊（ことだま）**」という言葉があります。言葉には霊的な力があり、その言葉を口にすることで願いがかなったり、人に大きな力をおよぼしたりする、と昔から考えてられてきました。

　スポーツ選手が日ごろの猛練習とイメージトレーニングによって好成績を収めたり、「根性」「合格」と書かれた貼り紙を前にして勉強する受験生にやる気が出るのも同じです。

　ネガティブな言葉を口にすれば、すでに気持ちは後退している証です。気持ちが後退すれば、さらに気弱な言葉しか出てこなくなるという、負のサイクルにはまり込んでしまいます。

　物事がうまくいかないときに、「やっぱり自分はダメだ」「どうせ自分には無理だ」というような、自分に厳しい言葉を使っていると、自分に自信がなくなり、ストレスはどんどんふくらんでいきます。もしそのような言葉が頭に浮かんできたら「ストップ！」と自分に言い聞かせましょう。そして自分を励ますような、**ポジティブで優しい言葉**を、自分で自分にかけてあげるのです。それを繰り返すうちに自信を取り戻し、ストレッサーが軽減される効果があります。

優しい言葉の例
まぁいいや。ゆっくりいこう。少しテキトーに。こんなもんかな。出たとこ勝負。あした、あした。時間が解決する。どうでもいいか。あるがまま。そんなに悪くないよ、自分。1人でがんばらない。

自分にとっての魔法の言葉をみつけておきましょう。

ストレスに直面したときの対処方法

ストレス・コーピング

ストレスへの対処方略を、**ストレス・コーピング**といいます。

ラザルスが提唱した理論によると、ストレッサーを経験した場合に、それをどのように捉え、どのように対処するかによって、個人のストレスレベルが決定されるといいます。

あるできごとや状況が、自分にとって脅威的なものであるか、重要なものであるか、といったストレッサー自体に対する認知的評価を、一次的評価といいます。そして、ストレッサーに対して、どのような対処が可能であるかというコーピングに関する評価を、二次的評価といいます。

ストレッサーの認知的評価を行い、コーピングを実行して、ストレス反応を表出するまでの一連の過程を、ストレスと捉えています。

情動焦点型コーピングと問題焦点型コーピング

ストレス・コーピングには、大きく2種類あるとされています。

情動焦点型コーピング	不快な情動のコントロールを目的とする	問題を回避したり、否認したり、感情を発散させるなど問題の本質的解決にはならない
問題焦点型コーピング	問題解決を目的とする	ストレス状況の中で問題となっていることは何か、どう解決すべきかなどを考え実行する

ストレス状況を自分ではコントロールすることが不可能であると判

断された場合に、情動焦点型コーピングがとられやすいといえます。問題焦点型コーピングは、問題解決を行える能力、また、自分にはできるという自信（**自己効力感**）、**ソーシャル・サポート**などが必要となります。

　まずは、情動焦点型コーピングで不満や不快な感情を発散して、気分をリフレッシュして落ち着かせ、その後に、問題焦点型コーピングで根本的解決を図るといった方法がとられることもあります。

　子どもや比較的若い人の場合は、問題焦点型コーピングよりも、**情動焦点型コーピング**がとられやすいといえます。

　ストレス・マネジメントには、2つのストレス・コーピングを併用したり、上手に使い分けることが重要です。

具体的なストレスへの対処法

　普段、無意識に行っていることもあるかもしれませんが、客観的に整理してみましょう。

我慢する	できる限り我慢するのも1つの対処法です 我慢しているうちに、慣れたり、気にならなくなったりすることもあります
回避する	ストレッサーから逃げたり、ストレッサーを避けたり、距離をおいたりします 意識的、積極的に回避するのも1つの対処法です
忘れる	嫌なことは忘れてしまうというのも1つの対処法です 忘れることができるから、人間は生きていけるのだ、と言われることもあるように、人間に備わった能力です
相談する	誰かに話を聞いてもらうだけで、気持ちが落ち着いたり軽くなったりすることがあります アドバイスをもらったり、励ましを受けたり、自分では気づかなかったことに気づいたりすることもできます

主張する	ストレス状況を改善するために自己主張します この場合、自分だけでなく相手のことも尊重した自己主張であるアサーションを心がけます

気分転換の方法

気分転換する方法としては、次のようなものがあります。

○リラックスして心と身体をいたわる

行く先のない散歩を楽しむ／ゆっくり深呼吸したり、目を閉じて楽しいことをイメージする／好きな風景を思い浮かべる／好きな言葉を繰り返し唱えてみる／笑顔を作ってみる／昔のアルバムを見る／彼氏や彼女と取り止めのない話をする／好きな音楽を聴く／アロマテラピー／お茶を飲む／肩もみ／ストレッチ／マッサージやエステ／ゆっくりお風呂に入る／入浴剤を入れて入る／温泉に行く／外食しに行く／昼寝／何もしないでボーっとする　など

○自己表現を行う

気持ちをノートに書き出してみる／文章を書く／日記をつける／自分の夢を書いてみる／夢の計画表を立てる／夢ややりたいことを誰かと語り合う／交換日記を始めてみる／オリジナル料理を作る／自分のホームページを作る／楽器を演奏する／粘土や陶芸／絵を描く／作曲する　など

○外へ向けて発散する

大笑いする／お笑い番組を観る／大声で叫ぶ／泣きわめく／クッションを叩く、蹴る／新聞や雑誌を破る／愉快な漫画を読む／大好きなミュージシャンのコンサートに出かける／誰かとおしゃべり／長電話

／カラオケ／ライブ／ジェットコースターや遊園地／スポーツ／スポーツ観戦／ダンス／音楽に合わせて身体を動かす　など

○他のことに集中する

　クラブ活動に熱中する／自然（空、夕日、山、海、木、花、草など）に触れる／散歩／ゆっくり歩く／山歩き／サイクリング／旅行／パズルやゲーム／新しいことに挑戦してみる／資格取得にチャレンジする／ボランティア活動／本を読む／映画を観る／美術館／ペットを飼う　など

○生活に変化を加える

　髪形、ファッション、メイクを変えてみる／部屋を模様替えしてみる／整理整頓する／いらないものを捨てる／いつもとは違う道を通ってみる／寄り道をしてみる／時計をしない日を作る／テレビを観ない日を作る／いつもとは違うことをしてみる／無駄なことをしてみる　など

どの方法を選択するか

　どのストレス・コーピングが効果があるとか、人気があるとかいうものではありません。子どもやご両親をはじめとする家族の皆さんそれぞれに、**最も適したコーピング**を選択してもらえばいいのです。家族で一緒にトライしてみるのもいいでしょう。家族そのものがストレスの対象になっているのなら、1人で行ってみるのもいいでしょう。

　パーソナリティを始め、価値観や自己評価、まわりの環境、対人関係などによっても、コーピングの働きは変わってきます。大切なことは、できるだけコーピングのレパートリーを増やしておくことです。使えるコーピングが多ければ、「これがダメなら、あっちを試してみよ

う」というように、さまざまなストレスに対して、適切な方法を選んで乗り切っていくことができます。1人ひとりが自分に一番合った、**自分なりのストレス対処法**をたくさん見つけておくようにしましょう。

Step 1 ストレスと上手につきあう方法
理解度チェック

問題 1 次のソーシャル・サポートの表の [　] にあてはまる語句を答えなさい。

[①]	共感、配慮、信頼など、人間関係の情緒的結びつきによる支援
[②]	仕事を分担したり、看病したり、経済的に支援したり、直接的に行う支援
[③]	有益な情報を提供して、活用してもらおうとする支援
[④]	その人の考えや行動を認める支援

① [　　　　　　　]　② [　　　　　　　]
③ [　　　　　　　]　④ [　　　　　　　]

問題 2 次の文章で適切なものには○を、間違っているものには×をつけなさい。

①子どもを取り巻く人間関係は単純である。[　]
②ストレスに対して、人間関係は常にマイナスに働く。[　]
③育児不安は、家庭におけるストレス要因となる。[　]
④いじめは、学校内で起こったものに限られる。[　]
⑤下校後の過ごし方に変化が見られないかにも注意する。[　]

問題 3 次の文章中の [　] 内で正しいものを選びなさい。

①ストレスと上手につきあうには、[ア ポジティブ　イ ネガティブ]・シンキングが大切である。
②二者択一的にすべての物事を捉えてしまうことを、[ア 過度の一般

化　イ　全か無かの思考 ］という。
③関係ないできごとも自分に責任があるように判断することを、[ア　自己関係づけ　イ　感情的判断 ］という。

問題4 次の文章のうち、情動焦点型コーピングの例として適切なものを1つ選びなさい。

①友人との人間関係が悪化して悩んでいたが、機会を捉え、仲直りし、悩みが解消した。
②音楽の発表会であがりそうになったが、課題曲を思い浮かべてリハーサルをしたら、気分が楽になった。
③試験前に緊張したが、深呼吸して、試験が終わった後の旅行のことを想像したら、落ち着いてきた。
④仕事量が多くて心身の調子を崩したので、上司に相談して仕事量を減らしたら、回復した。

ストレスと上手につきあう方法
理解度チェック 解答と解説

> 問題1

①情緒的支援
②道具的支援
③情報的支援
④評価的支援

特に、子どもは、情緒的支援が重要です。

> 問題2

① ×　子どもは未成熟であり、人間関係は特に複雑です。
② ×　プラスに働く人間関係と、マイナスに働く人間関係があります。
③ ○　育児不安を抱えたまま家族が孤立化すると、深刻な問題に発展することがあります。
④ ×　いじめの起こった場所は、学校の内外を問いません。
⑤ ○　子どもの変化のサインを見逃さないようにします。

> 問題3

① ア　ネガティブな思考や言葉は、負のサイクルにはまり込んでしまいます。何ごとも前向きに捉えることが大切です。
② イ　過度の一般化とは、「結局、〇〇だ」とすべてのできごとを1つの解釈に一般化してしまうことをいいます。
③ ア　感情的判断とは、自分の感情から、できごとの意味や是非を判断してしまうことをいいます。

問題4

③

情動焦点型コーピングとは、不快な情動のコントロールを目的とする対処法で、問題を回避したり、感情を発散させたりするものです。
①、②、④は、問題解決を目的とする問題焦点型コーピングの例です。

Step 2

ライフスタイルを見直してストレスに強くなる

　ライフカルテを作成して、ストレス・マネジメントの視点から、現在の生活を見直し、ストレスに強くなるための生活習慣改善の目標を設定します。

キーワードは"リズム"と"バランス"

　ストレスの多い毎日、私たちや子どもたちは、いったいどのようにストレスとつきあっているでしょうか？　どうしたらストレスに振り回されず、自分らしく、楽しく、豊かな生活を送ることができるのでしょうか？

　ライフスタイルが乱れることで、心身に負担がかかりストレスが生まれます。そうすると、ストレスと生活習慣の乱れが蓄積し、生活習慣病という形で表に現れてきます。このように、ライフスタイルの乱れとストレスとは密接にかかわっているのです。

　改善するためのキーワードは**"リズム"**と**"バランス"**にあります。

　本来、人間は一定の**リズム**の中にいると安心します。リズムの狂った調子はずれの音楽を聴いていると、なんだか気分が悪くなったり、イライラしてくることはありませんか？　変化は時にはいいものですが、変化ばかりで落ち着くひまがないという状況では、到底ストレスは解消されません。

　また、**バランス**も人間が生きていく上で欠かすことができません。私たちの身体は体内のバランスを保つようにできています。たとえば、暑ければ汗をかく、寒ければ鳥肌が立つ、そうやって常に身体の体温調節をしています。同じように、ストレスに対しても、心はバランスを

とろうと必死になっています。意識的に自分の生活のバランスをとることで、心の働きを支えることが大切なのです。

リズムとバランスの中心となる食事

　生活が乱れたり、体調を崩すと必ず「三度三度の食事をきちんと摂りなさい」と言われます。三度の食事を摂ることでライフスタイルが改善されるのか？　と疑うかもしれませんが、これが意外に効果的なのです。もちろん、栄養のバランスの面でも規則的に食事を摂ることは望ましいことです。

　また、**三度の食事を摂る**とは朝・昼・晩と起きて、きちんとした社会生活を送れる状態にあるということで、それだけでも精神衛生上好ましいことなのです。

リズムとバランスのある生活への見直し

　子どもが自分の生活を見直すこと、リズムとバランスのある生活にするためにはどのような工夫ができるかをみていきます。

　また、子どもへの家族のサポートを考えるときに、家族のそれぞれの生活パターンを知ることは重要なことです。1人ひとりの生活パターンは、お互いにかかわっています。

　ライフカルテの書き方をよく学び、どのような点に注意して家族の生活を見ていけばいいのかを頭に入れておいてください。

子どもと家族のライフカルテを作成する

ライフカルテとは

　ライフカルテとは、心身の健康管理のために、自分の生活を、特にストレス・マネジメントの視点から見直すためのものです。

　自分の生活や考え方、感じ方を書き出すことによって、自分自身を見直し、生活改善の手がかりとします。

　ライフカルテのポイントは、**ストレス・マネジメント・チェック表**と**ストレス分析シート**をもとに、現在の状況（問題点、改善したい点）、生活環境（家庭環境や現在のライフスタイル）、生活背景（学歴、職歴、既往歴）、ストレスに対するマネジメント能力（個人の対応力、サポート・システムの有無など）を分析することです。

ストレス・マネジメント・チェック表の記入

　ストレス・チェック（Step2-4参照）とストレスへの適応能力テスト、生活のバランスチェックが含まれています。ストレス適応能力テストは、その人の持つストレスに対する強さを見ることができます。生活習慣のチェックテストは、生活パターンを簡単に振り返ることができるようになっています。

【ストレスへの適応能力テスト】
　以下のあてはまる項目の数で、ストレスに対する強さ、力をみます。

| ① 仕事や学校以外にも人間関係がある。 | |

② 自分が疲れたと思ったら、無理をしないようにしている。	
③ 失敗しても、そこから何かを得ようと考えることができる。	
④ 何でも話すことができる人間関係がある。	
⑤ どんなものでも、所属している集団、グループがある。	
⑥ 休日は趣味や余暇で充実した日を過ごしている。	
⑦ 自分のよさをわかってくれる人がいる。	
⑧ 人から楽天的と言われる。	
⑨ 自分を必要としている人がいる。	
⑩ 体力的にも精神的にも自分の限界がわかっている。	
	合計

8以上:強い方	5～7:平均的	4以下:弱い方

【生活習慣のチェックテスト】

以下のあてはまる項目の数で、生活のバランスをみます。

① 毎日15分以上は歩いている。	
② 自分が疲れていることに早めに気づくことができる。	
③ 1日3食、ほぼ決まった時間に食べている。	
④ 朝起きた時に、「よく寝た」と思える。	
⑤ 身体を動かすことが好きで、週1、2回は運動をしている。	
⑥ 休息時間は十分に取れていると思う。	
⑦ あまり偏食しない。	
⑧ 寝付きはいい方である。	
⑨ 毎日の起床時間はほぼ同じである。	
⑩ 人と一緒にご飯をおいしく食べることができる。	
	合計

8以上:健康的な生活	5～7:平均的	4以下:バランスの崩れ

ストレス分析シート

記載日　　　年　　月　　日

A ストレス状況

B ストレス反応

身体の反応

不眠　睡眠過多　食欲不振　食べすぎ飲みすぎ　胃もたれ　胃痛
便秘　下痢　頭痛　高血圧　動悸　不整脈　肩こり　腰痛
背中の痛み　息苦しさ　過呼吸　その他（　　　　　　　　　）

心の反応

落ち込み　イライラ　怒りっぽい　不安感　緊張感　無気力
なげやり　やる気が出ない　悲観的思考　否定的思考
集中できない　自分を責める　他人を責める　楽しめない
おもしろくない　寂しい　人恋しい　引きこもる
誰にも会いたくない　その他（　　　　　　　　）

C サポート・システム

D ストレス解消法

ストレス分析シートの記入

　ストレス状況、ストレス反応、サポート・システム、ストレス解消法を書き出します。それによって、子どもや家族が現在置かれている**状況を客観的に把握する**ことができます。このシートは、半年に1回ぐらい記入し、子どもや家族が置かれている状況が、どのように改善されているかを知るためにも使うことができます。

ライフカルテを記入する

　子どもや家族の**ストレス・マネジメント**のために書くのですから、子どもや家族が抱えるストレスの原因に関する情報、ストレスに対処するために役立ちそうな情報をできるだけ多く書くことがポイントです。

A．現在の状況

　生活の中で問題だと思っていること、課題、改善したいことなどを書きます。ストレス分析シートの〈ストレス状況〉を参考に書くといいでしょう。できるだけ**具体的**に書くことがポイントです。

B．個人と生活環境

〈個人のパーソナリティ〉

　その人の性格、物事の考え方などの特徴を書きます。

〈家族構成、および家庭環境〉

　同居している家族を中心に書きます。家庭環境は、住宅事情や、住んでいる地域、誰が働いているのかなどの情報を書きます。

〈現在のライフスタイル〉

　普段の生活がどんなものであるかを書きます。どのような時間帯に学校に行くか、通学時間、平均的な睡眠時間、休日の過ごし方などです。

C．生活背景
〈学歴・職歴〉
　子どもの場合、現在の学年や部活動などを書きます。
〈既往歴〉
　治療中も含め、今までにかかった大きな病気を書きます。

D．ストレス・マネジメント能力
〈ストレス状態〉
　ストレス・マネジメント・チェック表をもとに、現在のストレス状態を書きます。
〈対応力とサポート・システム〉
　ストレスへの適応能力テストとストレス分析シートの〈サポート・システム〉を参考に、ストレスに対しての強さがどの程度か、ストレスに対処するための人的資源があるかを書きます。
〈認知の修正〉
　ストレス・マネジメントのために「認知の修正」が必要かどうか、どのような修正が必要かを書きます。
〈コーピング・スキル〉
　情動焦点型コーピング、問題焦点型コーピングのどちらを使う傾向にあるか？　具体的には、どのようなコーピングを使っているか？などを書きます。
〈その他の情報〉
　その他、ストレス・マネジメントに関係あると思われることを書きます。たとえば、興味のあること、趣味やボランティア、宗教、夢などです。
　子どもや家族（あるいは自分）のライフカルテを書いてみて、感想はいかがですか？　そこに記されるべき人の**強み**、**弱み**、**足りない部分**など、気づいたこと、考えたこと、感じたことを、備考欄に書いてみましょう。

ライフカルテ

フリガナ	生年月日		性別	職業
名前	T・S・H 年　　月　　日			
住所		電話		
		携帯電話		
緊急連絡先1		緊急連絡先2		

A 現在の状況（問題点、課題など）

B 個人と生活環境

パーソナリティ

家族構成

家庭環境

現在のライフスタイル

C 生活背景

学歴・職歴

既往歴

D ストレス・マネジメント能力

ストレス状態

対応力とサポート・システム

認知の修正

コーピング・スキル

その他の情報

備考

1週間の生活リズムとバランスをチェックする

リズムとバランスのある生活

　リズムとバランスという点から、子どもや家族の生活を見直してみましょう。ストレスに強くなるためには、リズムのある生活、つまり規則正しい生活と**学校（仕事）・食事・睡眠・運動・趣味**のバランスがとれている生活が重要です。

1週間の行動記録表をつける

　1行目には、その日の起床時間と就寝時間、睡眠の状態と体調を記入します。

　午前中と午後に分けてその日の行動（時間や場所、学校の時間割、塾などの時間、外食したらその時間、帰宅時間、など）を記入します。

　感想・備考欄には、行動をした後の感想や行動の評価を記入します。

　食事の欄には何を食べたかを、簡単に記入します。

　これを1週間続けます。

　1週間を振り返って、いくつかの面から子どもの生活を評価します。その週、子どもがどんな生活をしていたのか、**客観的**にみてください。そこからどんなことに気づきましたか？

　行動記録表は、ふだん意識していない自分の日常生活を書き出すことで、自分の生活パターンを見直す手助けとなります。また実際に生活パターンを修正していくときにも、引き続き記録していくことで、どのくらい目標が達成されたかを評価する手段ともなります。子ども自身に記入させてみると、いろいろな感想が出てきてとても面白いもの

1週間の行動記録表

月　　日（　）	起床	就寝	睡眠	体調
AM 行動			感想・備考	
PM 行動			感想・備考	
食事 朝		昼		夜

月　　日（　）	起床	就寝	睡眠	体調
AM 行動			感想・備考	
PM 行動			感想・備考	
食事 朝		昼		夜

月　　日（　）	起床	就寝	睡眠	体調
AM 行動			感想・備考	
PM 行動			感想・備考	
食事 朝		昼		夜

1週間を振り返って

睡眠・休息

体調

食事・食欲

仕事・家事など

その他

です。活用してください。

メリハリのある生活を心がける

　リズムのある生活とは、**メリハリのある生活**です。休むときは休み、勉強をするときは勉強に集中する、遊ぶときはしっかりと遊ぶことが大切です。運動、勉強、睡眠、休息、食事のバランスを保ち、心と身体を健康にする生活を送れば、日常的なストレスの多くは解消されていくものです。

　忙しくてイライラしたり、考えすぎや心配ごとで胃や頭が痛んだりしたときは、特にリズムを崩さないように心がけます。がんばりすぎると、結局どこかに無理が出ます。疲れているときは休み、気分転換をしてからの方が勉強や仕事の能率も上がります。自分の**心の声**、**身体の声**をよく聞いて、自分のペースを守ることを教えてあげてください。

　自分の身体や心を守るのは最終的には自分しかいないということです。自分の身体や心と対話し、過度な負担をかけないようにしてやることが最も大切なことなのです。

睡眠

　ストレスがたまってくると、まず睡眠に変化が現れるという子どもは少なくありません。布団に入ってもなかなか寝付けない、夜中に何度も起きてしまう、時間的には睡眠が足りているはずなのに寝た気がしない、夢ばかり見る、朝早く起きてしまうなどです。人それぞれ、必要な睡眠時間は違いますので、自分にとって**最適な睡眠時間**を見つけ、それをしっかり確保することが大切です。子どもの場合は夜型の生活が身につき、ライフスタイルが崩れている場合がありますので、でき

るだけ、毎日決まった時間に寝起きできるようにしましょう。

食事

　3食きちんと、**おいしく食べること**が健康的な生活の基本です。偏った食事や不十分な食事、不規則な食事は、ストレスに対する抵抗力を弱めてしまいます。食欲も心身の健康状態を知るバロメーターです。食欲がないときは、どこかに問題があることが多いですし、炭酸飲料などの飲みすぎや、食べすぎも健康的とはいえません。ご飯をおいしく、適量、食べられるかどうかが大切なポイントです。

　特に、1日のはじまりの食事である「**朝ごはん**」をきちんと摂ることが重要です。朝ごはんを食べることで、寝ている間に低下した体温を上昇させ、身体が1日の活動の準備を整えることができます。

　朝ごはんを食べないと、エネルギー不足となり、イライラしたり、集中力がなくなったりします。朝ごはんを毎日食べている子どもは、食べていない子どもより、成績が良かったという調査結果もあります。

　夕食の時間が遅かったり、夜食を食べたり、不規則な食事は、朝起きたときに食欲がなく、朝ごはんが食べられなくなる原因となります。「朝ごはん」を起点に、決まった時間に3食を食べ、決まった時間に就寝して、決まった時間に起きるよう、生活リズムを作っていくのが良いでしょう。

　また、食事は単なる栄養補給ではありません。誰かとだんらんをしながら、おいしさを味わい、リラックスする場でもあります。食事で家族全員が1つのテーブルを囲めば、1人ひとりの健康状態や精神状態が何となく推し量れるものです。

　学校であったこと、登下校であったことなどを聞き、あるいは、親からは会社であったことをわかりやすく子どもたちに説明してあげれば、**親子のコミュニケーション**も図ることができます。そうすること

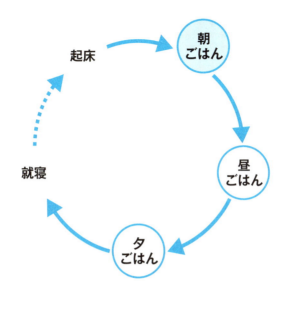

(内閣府「食育ガイド」より)

でストレスから身を守ることも可能なのです。

学校生活

　楽しく勉強ができているかも、とても大切なことです。勉強が順調で、テストでいい点数が取れているときなどは、ストレスもあまり感じないでしょう。しかし、いくら勉強が大切だといっても、机にかじりつきっぱなしというのはよくありません。「勉強一本です」とか「特に趣味はありません」という子どももまれにいますが、それでは勉強のストレスが強くなったときに、他でバランスをとることができなくなってしまいます。勉強もほどほどに、遊びも大切、そして休息とのバランスを保ちながら、明確に **ON** と **OFF** の切り替えをすることが原則です。

趣味や運動

　散歩や軽い運動は、心身の健康を保つために大切です。身体を十分に動かさないと、それ自体が身体にとってのストレスとなるのです。
　子どもは、学校の体育の授業やクラブ活動などで十分に身体を動かしていると思いますが、勉強でイスに座りっぱなしだったり、インターネットに何時間もはまったりしていたら、15分でもいいので身体を動かすことをお勧めします。身体の疲れを取り、**心身ともにリフレッシュ**するためにも、自分に合った身体を動かす方法、運動などを見つけましょう。
　また**やりがい**、**心のゆとり**も大切です。心が豊かであれば生活も楽しくなりますし、ストレスに対しても、それだけ対処方法が増えます。自分なりのリラックス方法、ストレスから抜け出す手段を見つけるようにしてください。

体調管理

　身体が健康で、元気に満ち溢れていれば、ストレスへの抵抗力も高くなります。しかし、身体が弱って、抵抗力が落ちていると、さまざまな病気にもかかりやすくなります。若いからといって自分の体調に無頓着であっていいわけはありません。いつも体調を気遣い、変化に敏感であることが大切です。少し疲れているな、身体が本調子ではないなと思ったら、**早めに休む**ようにしましょう。疲れたときに出やすい症状には、頭痛、めまい、胃痛、吐き気、下痢、便秘などがあります。自分が疲れたときどんな症状が出やすいのかを知っておき、**体調のバロメーター**にしましょう。

Step 2-3 子どもと家族の生活スタイルを見直す

問題解決のための目標と課題

　子どもと家族の生活を振り返り、問題点、改善したいところが出てきたら、次のステップは**問題解決のために何ができるのか**を考えることです。

　問題解決のための目標と課題評価シートを使います（P76参照）。

問題点・課題

　子どもの生活の中で、改善したいと思っている問題点を記入します。長期的なものでもかまいませんが、漠然とではなく、**短期目標**が立てられるような形で書いてください。

　たとえば「人前で話すのが苦手でストレスを感じてしまう。次の○月○日の学習会で発表しなければならないので、その場であまり緊張しないで話せるようにしたい」などのようにです。

目標

　課題に対して、**1〜2週間以内に達成できる見通し**がある短期目標を設定します。非現実的な目標は避け、これならがんばれば何とかできるかな、というものにします。

　たとえば、「発表するための原稿を書く」「友だちに原稿チェックをお願いする」「深呼吸をしてみる」「うまく話そうと思わない」などのように記入します。なるべく一目で内容が把握できるように、**箇条書**

問題解決のための目標と課題評価シート

記載日　　年　　月　　日

A 問題点・課題

B 目標と方法、評価

目標	方法	評価日	評価	感想・備考

※評価　1：全くできなかった　2：少ししかできなかった　3：まあまあできた
　　　　4：よくできた　5：大変よくできた

C 全体の評価、次のステップに向けて

きのように短くまとめていくと良いでしょう。

方法

　目標を達成するための方法を記入します。
「〇日までに原稿を書く。必要な資料もチェックしておく」「友だちにお願いしてみて、OKなら×日に渡す」「深呼吸を寝る前にやってみる。それから本番前にもやってみる」「"うまく話そうと思うな"という紙を書いて、原稿と一緒に持っていく。焦ってきたらその紙を見るようにする」などのように、できるだけ**具体的**に、そして**現実的**にできそうなことにします。

評価・評価日

　評価は、5段階評価でつけます。自分自身の評価でもいいですし、他の人に評価をお願いしてもいいでしょう。
　記載日から**1～2週間前後**で、一度課題を評価した方がいいでしょう。

感想・備考

　この目標を立て、考えた方法を実行してみて、どうだったかを記入します。
　たとえば「原稿を書いてみたが、本番中に見る余裕はなかった。でも一度書いたことで、内容はだいぶ頭には入っていたので、前と比べればずいぶんまともに発表することができたと思う」「友だちがいろいろ言ってくれてよかった」「忘れてできないことの方が多かったが、それでも進歩したと思う」「紙に書いて一緒に持っていたのはよかった」

などです。

全体の評価、次回のステップに向けて

　次に目標を立てるときの参考になるように書いておきます。
　たとえば、「今回、原稿を書いてみて、それをその場で読むのは難しいと思った。しかし書くと内容は頭に入るので、緊張しながらも何を話していいのかわからなくなることはなかった。次回はポイントを箇条書きしたものを用意した方がいいのかもしれない。深呼吸は毎日続けないと、いざというときに忘れてしまうのでこれからも続けたい。友達の意見を聞くと、自分とは違った視点で物事を見ていることがわかったので、また相談して参考にしたい」などです。

子どもと家族のライフスタイル

　子どもとその家庭の中でライフスタイルを考える場合、お互いがいい意味でも悪い意味でも影響しあっていることを覚えておきましょう。時には家族全員のライフカルテを作ることも必要かもしれません。そして家族単位で、生活のリズムを整えることが必要な場合もあります。特に子どもの年齢が低ければ低いほど、親の生活パターンの影響を受けやすくなります。そのような視点から家族の生活パターンを見直していきましょう。
　ストレス・マネジメントの原則は**自分を大切にすること**です。こんなふうにいうと自己中心的と思われがちですが、自分を大切にできない人には、本当の意味で他人を大切にすることはできないのです。自分を大切にすることは、人を大切にすることでもあるのです。子どもが自分なりの方法で、**自分を大切にする方法**を見つけられるようにサポートしてあげてください。

基本型をマスターしましょう

　ここで紹介したストレス対処法は1つの基本形態です。何事もそうですが、基本の形を身につければ、後は自分仕様に変えていくことができます。ケアをする子どもの性格、生活環境などに応じて、自由にわかりやすくなるように変更していけばいいのです。目的は**ストレスからの解放**であって、聞き取りデータをつくり上げることではありません。まずは、この基本形態を徹底的にマスターしましょう。

ストレス・マネジメント・チェック

ストレス・マネジメント・チェックを行う

次の各項目で「はい」か「いいえ」で答えてください(「はい」のうち、特に気になるものにチェックを入れてください)。

	項目 (M:心の反応　B:身体の反応)	はい	いいえ	特に気になる
1	なかなか眠れないことがある (B)			
2	やる気が出ないことがある (M)			
3	以前から持病があり、気になる (B)			
4	肩こりが気になる (B)			
5	胃腸の調子が悪い (B)			
6	他の人より遊んでいないほうだと思う (M)			
7	気をつかうことがあって疲れている (M)			
8	ちょっとしたことでも思い出せないことがある (B)			
9	時々、めまいや動悸、不整脈が起こる (B)			
10	休日、外出しようと思うが面倒になってやめてしまう (B)			
11	やるべきことがあるのに、よく怠けてしまう (B)			
12	最近何かに熱中することがなくなってしまった (M)			
13	弱気になってしまい、思うように行動できない (M)			
14	不安でたまらなくなり疲れてしまうことがある (M)			
15	自分は人から好かれない方だと思う (M)			
16	時々息苦しさを感じる (B)			
17	自分はどちらかというとマイナス思考だ (M)			
18	最近いろいろなことに興味を持つことが減った (M)			
19	自分は普通より性格が暗いほうだ (M)			
20	眠りが浅いので疲れやすい (B)			

21	何となく元気が出ないことがある（B）	
22	最近疲れがたまっている（B）	
23	朝起きられなくて困っている（B）	
24	肝心なときに心が動揺してしまう（M）	
25	頭痛で悩んでいる（B）	
26	自分はスタイル（体型）が悪いので気になる（M）	
27	もっと体調よくなりたい（B）	
28	もっと気楽になれたらなと思う（M）	
29	人前で緊張して困ることがある（M）	
30	今より自分に自信が持てると成功すると思う（M）	
31	仕事（学校）・家事が好きではない（B）	
32	根気がないので成功できない（M）	
33	肉体よりも精神的に疲れる（M）	
34	食事をしてもおいしいと思わない（B）	
35	話をしても楽しくない人が多い（M）	
	合計	

Mの数 [　　　]　　Bの数 [　　　]

結果の見方

「はい」の数によって、ストレスの度合を測ります。

「はい」の数	ストレスの度合い
0〜9	ちょうどいい程度のストレス。上手にストレス解消をしていると思われます
10〜19	黄色信号のストレス。早めに休息を取り、上手にストレス解消をしていく必要があります
20〜29	赤信号のストレス。心身ともに、かなりきつい状態のようです。放っておくと心身に支障をきたします。今の状況を変え、ストレスに対処する必要があります
30〜35	危険信号のストレス。もうすでに、心身になんらかの影響が出ているでしょう。専門的なケアも考える必要があります

また、心の反応Mが18個中いくつあるか、身体の反応Bが17個中

いくつあるかで、ストレスの現れ方をみます。
「特に気になる」に○をした項目を注意してみましょう。

ストレスを分析する

○ストレス状況は

どのようなことがストレスを引き起こしているのか？　何が問題なのか？　どの程度の問題なのか？　状況は悪化しているか？　などを、できるだけ具体的に記入してください。

....
....

○ストレス反応は

ストレス・チェックで「特に気になる」に○をつけた項目を参考にします。その他、気になっている症状を書いておきます。

身体の反応
不眠／睡眠過多／食欲不振／食べすぎ飲みすぎ／胃もたれ／胃痛／便秘／下痢／頭痛／高血圧／動悸／不整脈／肩こり／腰痛／背中の痛み／息苦しさ／過呼吸 ／その他（　　　　　　　　　　　　　　　　）

心の反応
落ち込み／イライラ／怒りっぽい／不安感／緊張感／無気力／なげやり／やる気が出ない／悲観的思考／否定的思考／集中できない／自分を責める／他人を責める／楽しめない／面白くない／寂しい／人恋しい／引きこもる／誰にも会いたくない ／その他（　　　　　　　　　　　　　　　　）

○**サポート・システムは**
　どのような人たちから、どのような支援を受けているか、また、期待できるか、整理して記入します。

○**ストレス解消法は**
　どのような行動・活動がストレス解消になっているか記入します。

○**問題解決のための目標設定**
　問題・課題が複数あるときは、優先順位をつけます。

Step2 ライフスタイルを見直してストレスに強くなる
理解度チェック

問題1 次の文章の [ ] にあてはまる語句を、下記の語群から選びなさい。

[　] とは、心身の健康管理のために、自分の生活を [　] の視点から見直すためのものである。[　] と [　] をもとに、現在の状況、生活環境、生活背景、ストレスに対するマネジメント能力（個人の対応力、[　] の有無）などを分析する。

――― 語群 ―――
①ストレス・マネジメント　②ソーシャル・サポート　③ライフカルテ　④ストレス・マネジメント・チェック表　⑤ストレス分析シート　⑥行動記録表

問題2 次の文章で適切なものには○を、間違っているものには×をつけなさい。

①ストレスと睡眠はあまり関係ない。[　]
②食事は、楽しみながら食べることも大切である。[　]
③学校生活では、勉強が最も重要である。[　]
④軽い運動は、ストレス解消に有効である。[　]
⑤疲れたなと感じたときは、早めに休む。[　]

問題3 次の文章中の [　] 内で正しいものを選びなさい。

①改善したいと思っている問題点は、[ア 漠然と　イ 具体的に] 記入する。

②［ ア 短期目標　イ 長期目標 ］とは、1〜2週間で達成できる見通しがある目標である。
③目標は［ ア 理想的な　イ 現実的な ］ものとする。
④評価は、［ ア 課題が達成できれば行わない　イ 1〜2週間前後で行う ］。
⑤ストレス・マネジメントの原則は、［ ア 自分　イ 他人 ］を大切にすることである。

問題4 次の文章は、ストレス・マネジメント・チェック表のチェック項目です。心の反応と身体の反応をそれぞれ選びなさい。

①気をつかうことがあって疲れている。
②やるべきことがあるのに、よく怠けてしまう。
③肩こりが気になる。
④朝起きられなくて困っている。
⑤人前で緊張して困ることがある。
⑥話をしても楽しくない人が多い。

心の反応　［　　］［　　］［　　］
身体の反応［　　］［　　］［　　］

Step2 Check Answer
ライフスタイルを見直してストレスに強くなる
理解度チェック 解答と解説

問題1

［ ③ ］とは、心身の健康管理のために、自分の生活を［ ① ］の視点から見直すためのものである。［ ④ ］と［ ⑤ ］をもとに、現在の状況、生活環境、生活背景、ストレスに対するマネジメント能力（個人の対応力、［ ② ］の有無）などを分析する。

③ライフカルテ
①ストレス・マネジメント
④ストレス・マネジメント・チェック表
⑤ストレス分析シート
②ソーシャル・サポート

ライフカルテを作成することで、自分自身を見直し生活改善の手がかりとすることができます。

問題2

① ×　ストレスがたまると、まず睡眠に変化が現れるという子どもは多いです。
② ○　食事は、誰かとだんらんしながら、おいしさを味わい、リラックスする場でもあります。
③ ×　勉強だけでなく、遊びも大切で、ONとOFFの切り替えが重要です。
④ ○　軽い運動は、心身をリフレッシュさせます。
⑤ ○　悪化させないように、早めに対応することが大切です。

問題 3

① イ 短期目標が立てられるよう、具体的に記入します。
② ア 短期目標は、行動目標となります。
③ イ 具体的に実現可能な目標を設定します。
④ イ 一定期間経過後に、必ず評価を行います。
⑤ ア 自分を大切にすることが、他人を大切にすることにもつながります。

問題 4

心の反応 ［ ① ］ ［ ⑤ ］ ［ ⑥ ］
身体の反応 ［ ② ］ ［ ③ ］ ［ ④ ］

Part3

青少年期におけるコミュニケーション

Step 1

子どもをめぐる人間関係と"オトナ扱い"の難しさ

"オトナ扱い"されたい反面、"コドモ"としてまだまだ甘えたい青少年期の子どもとのコミュニケーションは、子ども同士、子どもと親、子どもとまわりの大人、などの関係性によっても異なり、難しい一面があります。

1人の個性として尊重する

子どもは大人と話すときには、何かを強要されたり、指示されたり、叱られたり、説教されたり、諭されたりするのではないか？　ということが最初に頭に浮かび、身構えてしまうものです。

子どもの考えていることを知ろうとするのなら、決して威圧的な態度をとったり、命令口調にならないように気をつけ、フレンドリーであることが大切です。

必要以上に"**コドモ扱い**"することもなく、必要以上に"**オトナ扱い**"することもなく、1人の人間として、**個性を尊重したコミュニケーション**をとることが求められます。

子どもにとって話しやすい人になる

私たちはまず、その人に話しかける前から、その人が持つ雰囲気やムードみたいなもので、「話しやすそうだ」とか「話しにくそうだ」と推し量っているものです。特に子どもたちは、大人以上に人を第一印象で判断し、その人に自分が**好意を持てるかどうか**を判断します。

学校生活や家庭の中において、子どもたちが話しやすい状況をつく

るために、コミュニケーションの技術を身につけていきます。コミュニケーションにおいて技術は大切ですが、子どもたちは相手の人柄を見るように、**心がこもっているかどうか**もちゃんと見分けるものです。心のこもらない技術では親密なコミュニケーションを図ることはできないものと考えてください。技術には魂を入れてこそ、その効力が発揮されるものなのです。

子どものレベルに合わせる

　話の内容や口調は子どもの性格や年齢などを考えて使い分けます。そして、できるだけ子どもに話をさせ、**子どもの立場**に立って問題を考えるように努めます。

　大人にとっては「たいしたことない」ことでも、子どもにとっては「たいしたことある」場合が多くあります。「自分ならこうする」ということは、必ずしも子どもの状況や能力に合っているとは限りません。子どもの置かれている状況や能力に合わせたものの見方をすることが大切です。

　"大人の常識"が子どもにとっても常識であるとは言えません。心が未熟である子どもに、大人の常識を無理に押しつけるのは間違いです。

　たとえば、道徳的立場から話をしたほうが、子どもにもわかりやすいでしょう。「人が嫌がることをするのは良くないよね」とか「弱いもののいじめは卑怯だよね」など、人間としてこうありたい、こうはしたくない、という規範を示してあげてください。「立場が上の人の意見は絶対だ」とか「損して得取れ」など、一般社会の間違ったルールや、功利的考えから出てきた考えを押しつけないようにしましょう。

青少年期の子どもの特徴とコミュニケーション

青少年期の子どもの心

　青少年期の子どもの精神構造は、大人のようにしっかりと確立されていません。大人になるために社会の規範を習得することと、自らの個性を伸ばし、自己実現を図るという内からの欲求に応えることの、相反するような課題をクリアしていかなければならないのです。青少年の子どもはこうした課題の狭間で葛藤を繰り返している、**精神的に不安定な状態**と考えなければなりません。

　そこに、未成熟な子ども同士で形成された学校社会の人間関係、先生と児童・生徒という、教育する立場・される立場での大人との人間関係、家庭という養育の場での親子関係、兄弟姉妹との関係など、限られた狭い世界であるのに、複雑な人間関係が構築されています。

　コミュニケーションにおいて重要な役割を果たす**言語能力も未発達**で、ちょっとしたコミュニケーション不足がトラブルやストレスになりやすいといえます。

子ども同士の関係性——ピア・プレッシャー

　ある形成された社会の仲間から受ける圧力を、**ピア・プレッシャー**といいます。ピアとは同じ立場の仲間という意味です。子どもたちの社会ということなら、学校社会ということになります。青少年期の子どもは精神的にも不安定であり、ピア・プレッシャーを受けやすい時期といえます。急に大人ぶった行動をとったり、格好をつけたり、目立つ行動をしてみたり、というのは、学校社会の中の仲間が自分をど

う見ているのかが気になるからです。ピア・プレッシャーはライバル心を育て、それが友情に変わったりと良い効果も現します。勉強にスポーツにと仲間の圧力は良い方向に向かえば、これほど良い刺激はありません。しかし、全く逆に作用した場合、ピア・プレッシャーはいじめや非行、暴力などに走らせる圧力となることもあります。

このようなマイナスの圧力に屈しないためには、同年代の子ども以外とのコミュニケーションが大切になってきます。発展途上の言語感覚、未熟な感受性を持つこの世代の子どもには、どの世代よりも**心の通ったコミュニケーション**が必要となるのです。

子どもと親との関係性――オトナ扱いされたいコドモ

青少年期の子どもは、"オトナ扱い"されたい反面、まだまだ甘えたい"コドモ"です。そして子どもたちは、自分の中にあるその矛盾に気づいています。

青少年期の子どもの特性は、
- 物事の決定を自分でしたいという強い意志を持つ
- 親に支配されたくないと思っている。しかし、親を思いのままに動かそうと思っているわけではない
- 両親よりも友人との、強いつながりを欲している
- 決定は自分でするが、相談相手としては、年上の人、ことに父母を求めている

などが典型的な例としてあげられます。

親と子どもとの関係性――いつまでもコドモはコドモ

親にも子ども同様、大人扱いしたい気持ちと、いつまでも自分のペットのようにしてかわいがっていたい気持ちとがあります。子どもの

側で親にかわいがってもらいたい、手をかけてもらいたいと思うときと、親がかわいがろうとするときが一致したなら、問題は起きません。

あるいは親が放っておく部分と、子どもが自由にしてもらいたいと思う部分が同じだったら、親子の関係は実にうまくいくでしょう。

しかし、たいていの場合は、そうはいかないものです。子どもが放っておいて欲しいときに親があれこれ干渉し、子どもがかまって欲しいときに親が「自分で考えなさい」と突き放す。そこの意識のずれが生じてくると、親への不満となります。

子どもは、自分の思うようにしたい気持ちが強くなり、反抗したり口答えをするようになります。

一方、親は親で子どもに対して、「図体と口ばかり大きくなって生意気になって、でもすることは小学生並みだ」と嘆くことになってしまうのです。

親の側で、「いくつになっても子どもは子ども」という意識がどこかにあるのは、親子という関係性はまぎれもない事実ですから、しかたないのかもしれませんが、こうした傾向が強い親の場合、"**子離れ**"が重要な課題となってきます。

意識のズレを埋めるコミュニケーション

ここではいったい何が欠けているのでしょうか？　何が足りないのでしょうか？　言うまでもなく**コミュニケーション**です。子どもが何を求めているのかをきちんと聴くこと、そして親も言いたいことをきちんと、誠意を持って伝えることが子どもとの関係性を良好なものにします。

"聞き上手"の姿勢

　よりよいコミュニケーションを行うためには、"**聞き上手**"になることが重要です。
　コミュニケーションは一方的な意思表示ではありません。情報を受け取る相手がいてはじめて成立するものであり、双方向でやりとりが行われます。自分ばかりが話すのではなく、相手の話をしっかり聞いて受け止める姿勢が大切です。「**話し上手は聞き上手**」なのです。

雰囲気づくり

　よりよいコミュニケーションを行うためには、**雰囲気づくり**などの外的な条件も重要です。カウンセリングや相談面接を、どこで行うのか、イスや机などの配置、周りの環境、話し手と聞き手の距離、聞き手側（カウンセラー、援助者）の服装なども、コミュニケーションのあり方を左右する要素となります。

子どもが話しやすい雰囲気づくり

　子どもは、特に、話す相手が友だちや親でない場合には、何のために何を話すのかが気になり身構えてしまいます。そんなときは子どもをリラックスさせるためにも、**子どもの視点**を大事にして話すようにします。たとえば、いま子どもたちの間で流行っているマンガやドラマ、テレビ番組などの話題から話し始めるとか、興味のありそうなスポーツの話から始めてみるなどの工夫が必要でしょう。興味の対象が同じであるという状況設定は、子どもに安心感と親近感を持たせることができます。そして、話す内容が、難しいことでも深刻なことでもないことを子どもに悟らせることが大切です。

Step 1-2

子どもの話を積極的に聴くためのテクニック

積極的傾聴の姿勢

積極的傾聴には、次の3つが必要です。

①誠実さ	思っていることと言動に矛盾がないこと（自分自身にウソをつかないこと。口先だけで「いいね」「そうだね」と言うのは誠実さに欠ける態度です）
②受容	相手のありのままを無条件に受け入れること
③共感的理解	相手の立場に立って理解し、それを示すこと

SOLER理論

他者と上手くかかわるための基本動作として、次の5つが挙げられます。

- S（Squarely）：真正面から向き合う
- O（Open）：開いた姿勢を示す
- L（Lean）：相手へ少し身体を傾けた姿勢
- E（Eye Contact）：適切に視線を合わせる
- R（Relaxed）：リラックスして話を聞く

英語の頭文字をとって「**SOLER（ソーラー）理論**」と呼ばれます。

コミュニケーションを促す場面づくり

相手に対する座り方には、正面に座る**対面法**と、90度の角度で座る**直角法**があります。一般に、対面法のほうが緊張感が増すので、相手

との関係性をつくる座り方としては、**直角法のほうが有効**であるとされます。対面法の場合は、適切に視線をそらす先として、机の上に花瓶などを置き、緊張感がやわらぐように配慮します。

腕を組んだり、足を組んだりする姿勢は、相手に威圧感を与えてしまうので、避けるようにします。

相手が座っているときは、立ったまま上から話しかけるのではなく、目線の高さを合わせるようにします。子どもは大人との身長差があるので、立って話をする場合も、子どもの目線に合わせることが必要です。

子どもの話に集中する

疲れているときや何か他のことが気にかかっているときは、子どもの話を十分に聴くことはできません。何かをしながらや、上の空で聞いていると、気のないことが子どもたちにはわかってしまうものです。ですから、子どもの話にちゃんと**集中できるような状況**を作ります。

疲れていても、どうしてもそのときに聴かなければならないということなら、自分の気分転換をはかって、話に集中するようにしましょう。

電話や友だちの遊びの誘いなどで話が中断するようなことがないよう、できるだけ注意してください。子どもの注意がそちらに向けられると、話を早く終わらせようと、内容がいい加減になってしまいます。また、電話や他の人が入ってきたりして話が中断されると、どこまで話したか忘れたり、話したいという気持ちが失せてしまいがちです。それでは十分に子どもの話を聴くことができません。

家で話を聴こうとすると邪魔が入りやすいものです。しかしそれ以外の場所となると、なかなか適切なところが見つからないかもしれません。また、邪魔はあっても家のほうが気分的に落ち着いて話をすることができるという人も多いのです。家で話を聴く場合には、可能ならば留守番電話にする、呼び鈴が鳴っても出ない、用件はあらかじめ

済ませておく、さらに子どもにはトイレを済ませておくことを指示しておきます。このようにできるだけの配慮をしてください。

子どもの話に興味を持つ

　大人でもそうですが、特に、子どもは、話し相手が興味を持ってくれることをとても喜びます。自分の世界に入ってきてくれる相手の存在を好ましく思っています。子どもと同じ世代のころを思い出しながら、友だちのように話を聴いてあげることが必要です。子どもは本来話し好きなものです。自分の話に興味が持たれていることさえわかれば、どんどん話してくれるはずです。

子どもの話に先入観を持たない

　評価、批判、忠告などはしないように心がけ、**心を空っぽにして**聴きます。仮に子どもが間違ったことを言っているなと思っても、そこで「違う」とすぐに指摘したりしないでください。まずは相手の気持ちを肯定し、受け止めることが大切です。子どもにとっては、自分の言っていることは正しいのです。
　会話が続くうちに、子どもがこちらの言葉を聞ける状態になったときに、「そうか、キミはそんなふうに思うんだ」とまず、話の内容を肯定してから「でもね、こういう考え方もあると思うけど、どう思う？」というように、子どもの考えとは違う考え方もあることに気づかせます。

目線と姿勢

　話を聴いているときに子どもの目を見るのは、「ちゃんと聴いていま

すよ」というメッセージになります。目を合わせないというのは、「早くこの話、終わらないかな」と思っているとか、「その話には興味ない」というメッセージになってしまいます。ですから、意識してそういうメッセージをこちらが発しないように気をつけます。ただ、ジーっと見られっぱなしでは子どもも話しづらいので、**居心地が悪くない程度に目線を合わせ**、あとは適当に外すことも大切です。

　また、自分の話を聞いているときの子どもの目線にも注意します。こちらが話しているときに、あまり目を合わせてこないようならば、「その話は聞きたくない」という子どものメッセージであるかもしれません。

　身を乗り出すように聴いている姿勢は「あなたの話に興味があります」というメッセージになります。しかし、腕や足を組むのは、相手を受け入れない態度であるとされています。また、手や指、小物などをいじっているのは、手持ち無沙汰で、飽きている態度になります。こちらがこのような態度をとらないように気をつけると同時に、子どもの姿勢にも注意します。

子どものペースに合わせて

　話のペースや声の調子は、基本的に**子どもに合わせること**が大切です。早口で話す子どももいれば、ゆっくりの子もいます。子どもの話すスピードと同じくらいだと、会話がスムーズに運びます。また楽しい話をしているときには声のトーンをあげ、真剣な話をしているときには抑え目に話します。子どもと波長を合わせることを意識するとよいでしょう。うなずき、相づちも、子どものペースや話す内容に合わせることが重要です。

子どもの話を引き出し、整理するためのテクニック

閉じられた質問と開かれた質問

　コミュニケーション技法の1つに、質問技法があります。必要な情報を相手から引き出す方法です。大きく、**閉じられた質問**と**開かれた質問**があり、状況によって使い分けます。

	閉じられた質問	開かれた質問
内容	「はい」か「いいえ」で回答できる 単語のオウム返しで回答できる	回答が決まっていない 相手の自由な表現を促す
例	「どこに住んでいるの？」 「何年生？」 「ジュース飲む？　それとも水？」	「休みの日は何をして遊んでいるの？」 「最近、興味があることは何？」
長所	簡単に回答することができる	相手が自由に回答できる
短所	相手の表現を制限してしまう	回答につまってしまう場合もある

　傾聴のためには、一般に、**開かれた質問**が有効です。相手が混乱してしまっているときなどは、閉じられた質問が効果を発揮します。

　話を始めるときや一定の情報を得るためには、閉じられた質問は有効です。しかし、これが延々繰り返されると、取調べのような雰囲気になりますし、子どもが本当に話したいことを話せなくなってしまいます。閉じられた質問は必要最小限にして、できるだけ開かれた質問をする方がよいでしょう。

　相手は自分の気持ちを話すことができ、しだいに話したいことを話すようになります。コミュニケーションも表面的なものではなく、少しずつ内面的なものへと深めていくことができます。

さまざまなコミュニケーション技法

意図的にさまざまなコミュニケーション技法が用いられます。

相づち	相手の話を黙って聞くのではなく、話の腰を折らない程度に、適切な相づちをうちます 「話をしっかり聞いています」「もっと話を聞かせてください」というメッセージになります
繰り返し	相手の言った言葉を繰り返します 情緒面の反応の確認や本人の気づきを促す場合などに有効です
言い換え	相手の言った言葉を言い換えて表現します 発言から相手の気づきを促す場合などに有効です
感情の反映	表明されていたり、あるいは潜在的に持っているそのときの感情を、言葉にして指摘します 明確化ともいいます
要約	これまでの話の要点をまとめて、内容の確認を行います 話の焦点を絞って整理し、問題点を明確化し、それを互いに確認することができます

相づち

子どもの言葉に合わせて、その**内容と合った反応**を示すことが大切です。

- **肯定的**：「うんうん」「ふーん」「ハイハイ」「なるほど」「そうか」
- **先を聞く**：「それで？」「それから？」「どうしたの？」
- **深く聞く**：「どうして？」「どうなっているの？」「あなたはどう思う？」
- **賛同**：「そうだよね」「いいよね」「私もそう思う」
- **驚き**：「へー」「本当？」「ウソー」「そんなこともあるのねぇ」
- **ほめる**：「すごいね」「たいしたものだ」「やるじゃない」「えらい」
- **祝福**：「よかったね」「おめでとう」「幸せだね」

繰り返し

　まずは子どもの言葉の一部を**オウム返し**にしてみましょう。「A君にこんなこと言われて、くやしくて……」と子どもが言ったら、「そうか、それはくやしいよなあ」と応えます。そのうちに要領がつかめてくることでしょう。慣れてきたら、子どもの言葉を自分なりの言葉に置き換えてまた返します。「A君の言葉で傷ついたんだなあ」などのようにです。タイミングは、話に一区切りついたところで繰り返すと効果的です。

　このように自分の言ったことが繰り返されると、子どもは自分の考えを整理することができます。物事を順序立てて話すことができるようになりますし、それを納得しながら話すようにもなります。

　オウム返しにするときに、子どもの考えを**ポジティブ**にするような言葉を挟みながら返すのもいいでしょう。たとえば「A君も悪気があったわけじゃあないと思うけど、キミはその言葉で傷ついちゃったんだなあ」などのようにです。子どもがその"悪気がなかった"という言葉をどう捉えるか、すぐに反応でわかるでしょう。「うん、そうなんだ。悪気はなかったと思うんだ」と前向きに考えるか、「違うよ、わざとしたんだよ」と事実を強調するかによって、その後の話し方も変えていくことができます。

明確化

　子どもは話したいことがあると、ポイント、ポイントだけをしゃべって、話の全体が見えてこないままに話し終えてしまったりします。

　あるいは、話しづらいことはボソボソっとした言い方になったり、どう言おうかと迷いながら話すので、話が途切れ途切れになったりしてしまうものです。

そんなときには、子どもの話を整理したり、会話を促すようにしてあげることが大切になります。しばらく待っても子どもの言葉が出てこないときには、言いたいことを推測して「〜ということなのかなあ？」などと、子どもの代りに話の筋や、子どもの気持ちを明確にしてあげることも必要です。

　明確化には認知レベルのものと、感情レベルのものとがあります。人名や名称など、ど忘れした言葉を、相手の代りに言うことは**認知レベルの明確化**です。相手が自分の気持ちをどう表現していいかわからないときに、「こういう気持ちがしたんだね」と言うことは、**感情レベルの明確化**となります。このように自分の感情や気持ちが整理されると、すっきりとして気持ちのいいものです。

要約

　子どもの話を一通り聴いたら、それまでの話を「つまりこういうことだよね？」と**要約**します。すると子どもと聴き手が、今の会話を共通理解したという確認になります。

　そのためには、子どもの話の要点を押さえながら聴くことが必要です。そして、子どもの話が終わってすぐ、タイミングを外さないようにして要約をします。このとき、要約のポイントがずれていたのでは、「何だ、ちゃんと聴いてくれていないんだ」と信頼を失いかねません。できるだけ**正確に要点をつかんで返す**ようにします。

　また、要約ですから、こちらが一方的にだらだらと話をするのではなく、できるだけ簡潔に要点をまとめます。これには訓練が必要となってきます。こちらがうまく要約して返すと、「そうそう、そうなんだよ！」と相手は納得し、そのコミュニケーションに満足することでしょう。

家庭での会話をはずませるためのヒント

効果的な質問のしかた

　必要な情報を引き出すために効果的な質問を行うには、質問者と回答者の間に、**十分な信頼関係**が築かれていることが重要です。「なぜ」「どうして」という聞き方は、繰り返されたり、畳み掛けるように行うと、相手が問いつめられているように感じることもあります。相手の言葉が出にくいときは、沈黙を避けて次々と話しかけるのではなく、相手が自分の言葉で**話し出すのを待つ**ことも必要です。

　相手の言葉が聞き取れなかったときは、そのまま適当に聞き流すのではなく、繰り返し聞いて内容を確認することも必要となります。よいコミュニケーションには、相手が言っていることを正確に聞き取り、理解することが重要です。上の空で話を聞いていませんでしたという態度は相手に対して失礼ですが、傾聴している中で、聞き取れなかったり、ちょっとわからなかったことを繰り返し聞くことは、聞き方を工夫すれば失礼にはあたりません。

共感的な対応の例

　たとえば、「最近、食欲もないし、体調が悪くて、つらいんだ」と悩みを打ち明けてきた場合の対応を考えてみましょう。

○ 共感的対応	「体調が悪いのは、つらいね」とつらさに共感する 「そうなんだ、何か思い当たることはある？」と話の続きを促す

✕ 悪い対応	「顔色はそんなに悪くみえないよ」と否定する 「元気出してよ」と安易に励ます 「大丈夫、心配しすぎないほうがいいよ」と根拠なく断定する 「さっき、ご飯きちんと食べてたじゃない」と事実を指摘する 「ぱっと気晴らしでもしようか」と一方的に気分転換を勧める 「○○さんなんてもっとつらそうなのにがんばってるよ」と他人と比較する

バイステックの7原則

　アメリカの社会福祉学者であるバイステックが提唱した対人援助技術の7原則は、日常のコミュニケーションをスムーズにするためにも有効であり、**基本的姿勢・心構え**として身につけておきたいものです。

個別化の原則	相手を、個性ある1人の人間として捉え、尊重します 何か相談を受けたとき、前にも同じような相談を受けたことがあるなとか、この悩みはよくあることだなとか、分類して捉えてしまいがちですが、その人にとっては、固有の特別な話であると理解して接すること、これが個別化の原則です 話の内容やポイントを整理することと、一般化して分類することは違うということを理解しておく必要があります
意図的な感情表出の原則	相手が、ありのままの感情を表出できるように、意図的にかかわります 感情や言いたいことを自由に表現できる機会を設けることです。不満を押さえつけたり、願望が口にできない状況に陥ったりすることなく、肯定的な感情も、否定的な感情も、ありのままに表すことができるよう、また、本人自身が気づいていない感情にも気づき、目を向けることができるようなかかわり方を心がけます

統制された 情緒関与の原則	相手の表情や言動に対して先入観を持ったり、感情に巻き込まれたりしないように、感情的に自分を失わないようにかかわります 相手と一緒になって怒ったり、泣いたりすることではありません。「かわいそうに」と思うことでもありません。相手の感情に巻き込まれてしまうのは、同情です
受容の原則	相手を無条件に受け入れることです 相手の表現、態度、気持ちなどをありのままに受け入れます。たとえ、相手の言動を認めることができなくても、受け入れは無条件に行うこと、これが受容の原則です
非審判的態度の原則	自分の価値観や判断基準で一方的に評価しないことです 価値観や物事の判断基準は個人によって異なります 相手の話を、最初から批判的に聞くことは避けなければなりません
自己決定の原則	本人による意思決定を尊重することです 相談を受けたときに、何らかのアドバイスを行うことがありますが、あくまでも最終的に決めるのは、本人です
秘密保持の原則	知り得た情報を第三者に漏らさないということです 秘密が守られるという約束であるから、安心して話をしたり、相談することができるのです

コミュニケーションの歪み

コミュニケーションは点ではなく、相互のやりとりがあり、流れの中で展開されていくものです。コミュニケーションには、次のような過程が含まれます。

相互作用過程	双方向に働きかけ、コミュニケーションを通して相互理解と相互関係が成立
意味伝達過程	一方から他方へ意味を伝達することで、コミュニケーションを通して意味の共有が行われる

影響過程	コミュニケーションを通して、一方が他方に対して影響を与えることができる

　対人コミュニケーションは、情報の発信者と受信者が共有する一定のルールの上に成立します。

　たとえば、発信者が伝えたいことをうまくまとめられていなかったり、逆に、受信者が伝えられた内容を正しく解読し、理解できなかった場合に歪みが生じます。

　また、コミュニケーションは、伝える内容から、事実のコミュニケーション、思考のコミュニケーション、感情のコミュニケーションに分類できますが、重点を置くポイントが異なっていると、コミュニケーションに歪みが生じる原因となります。

　たとえば、「1人で留守番をしていて寂しいから電話したんだ」と言うのに対し、「1人は危ないから、きちんと戸締まりはした？」などと言うのではズレが生じています。

　良いコミュニケーションを行うためには、相手がコミュニケーションに求める内容を理解して対応することも重要です。

自分らしい"聴き方"を身につける

　テクニックだけがあっても何の意味も持ちません。逆に心があれば、少々テクニックが伴わなくても相手はわかってくれるはずです。

　相手の言葉をよく聴き、素直にリアクションを返すことが最も大切です。いろいろと経験しながら、**自分らしい聴き方**を身につけるようにしましょう。

　また、聴き上手になるためには、**心を豊かにする**ことです。子どものように好奇心が旺盛で、いろいろなことに興味を持っている人は、人間の幅が広く、話が広がります。

Step1 子どもをめぐる人間関係と"オトナ扱い"の難しさ
理解度チェック

問題1 次の文章で適切なものには○を、間違っているものには×をつけなさい。

①ピア・プレッシャーは、悪い影響しか与えない。[　]
②青少年期の子どもは、親を思いのままに動かそうと思っている。[　]
③青少年期の子どもは、親よりも友人との強いつながりを欲している。[　]
④親子関係では、"子離れ"が課題となることがある。[　]
⑤よりよいコミュニケーションには、"話し上手"となることが重要である。[　]

問題2 積極的傾聴に必要な3つの姿勢を答えなさい。

[　　　　　　　] [　　　　　　　] [　　　　　　　]

問題3 次の文章中の[　　]内で正しいものを選びなさい。

①「何年生？」という質問は、[ア 閉じられた　イ 開かれた]質問である。
②傾聴のためには、[ア 閉じられた　イ 開かれた]質問が有効である。
③子どもの言葉の一部をオウム返しにすることは、[ア 繰り返し　イ 言い換え]というコミュニケーション技法である。
④ど忘れした言葉を相手の代わりに言うことは、[ア 認知レベル　イ 感情レベル]の明確化である。

⑤子どもの話は、[ア 黙って　イ 相づちを打ちながら] 聞く。

問題4　バイステックの7原則に関する次の文章のうち、最も適切なものを1つ選びなさい。

①意図的な感情表出の原則とは、自分の感情表出を大切にすることをいう。
②統制された情緒関与の原則とは、相手の感情をコントロールしてかかわることをいう。
③非審判的態度の原則とは、相手の話を批判的に聞くことである。
④受容の原則とは、相手を無条件に受け入れることである。
⑤個別化の原則とは、相手の話を分類して一般化することである。

Step1 Check Answer

子どもをめぐる人間関係と"オトナ扱い"の難しさ
理解度チェック 解答と解説

問題1

① × ライバル心を育て、それが友情に変わるなど、よい効果をもたらすことも多いです。
② × 親に支配されたくないとは思っていますが、親を思いのままに動かそうと思っているわけではない、という特徴があります。
③ ○ 相談相手としては、父母を求めています。
④ ○ 「いくつになっても子どもは子ども」という意識が強い場合、"子離れ"が重要な課題となります。
⑤ × よりよいコミュニケーションには、"聞き上手"となることが重要です。

問題2

［誠実さ］［受容］［共感的理解］
積極的傾聴とは、相手の話に耳を傾けて、じっくり聴くことです。

問題3

① ア 閉じられた質問とは、「はい」か「いいえ」、あるいは簡単な単語で回答できる質問方法です。
② イ 開かれた質問は、相手が自由に回答できる質問方法です。傾聴で相手の思いを聞き出すのに有効です。
③ ア 言い換えは、相手の言った言葉を言い換えて表現するコミュニケーション技法です。
④ ア 感情レベルの明確化とは、「こういう気持ちなんだね」と相手の感情を言葉で表現することをいいます。
⑤ イ 話の腰を折らない程度に、相づちを打つことは、話を聞いていますというメッセージになります。

問題4

① × 意図的な感情表出の原則とは、相手の感情表出を大切にすることをいいます。
② × 統制された情緒関与の原則とは、自分の感情をコントロールしてかかわることをいいます。
③ × 非審判的態度の原則とは、相手の話を、自分の価値観で評価しないことをいいます。
④ ○ 受容の原則では、受け入れは無条件に行います。
⑤ × 個別化の原則とは、相手の話を一般化せず、固有の特別なものとして聞くことをいいます。

Step 2

上手な自己主張のススメ

　自己主張とは、自分の意思を相手の立場や置かれた状況を考慮しながら伝えるものであり、相手を説得したり、納得させたりすることとは異なります。自分の考えを相手に理解してもらうことが目的です。

自己主張とは

　本当の意味での**自己主張（アサーション）**は、「『自分はこのように考える、こう思う』という自分の意思を相手の立場や置かれた状況を考慮しながら伝えるもの」であって、それは「相手を説得する、納得させる」こととは違います。
　自己主張とはあくまで「自分の考えを相手に理解してもらう」ことです。自分を「わかってもらう」ことが本来の目的であり、ああしたい、こうしたい、それは嫌だ、という自我の主張ではありません。
　お互いが相手のことを知り、考えをよりよく理解すれば、むしろ人間関係は良くなるはずです。そうすれば今までのギクシャクとした関係性の中で生まれていたストレスも、お互いに軽減されることになるわけです。本当の自己主張は、「**自分を大切にすること**」であり、「**相手を大切にすること**」にもなるのです。

アサーションとわがままの違い

　アサーションとわがままの違いを見ておきましょう。
　わがままは「**わがままな自己主張**」のことです。それは自分の権利と責任を無視して、相手に要求することです。

たとえば「部活に遅刻しそうだから、部長に怒られないようにうまく言っておいてくれる？」というのは、遅刻が自分の責任であるにもかかわらず、相手にその処理を要求しています。

「絶対こうでなければダメ！」と不可能なことや完璧を求めるのもわがままに入ります。またわがままは相手への配慮が不足しています。「私がいいんだから、それでいいでしょ」というように、相手の気持ちや考えを無視しがちです。そして都合が悪くなると「あなたのせいでこうなったのよ、私は悪くない！」と責任転嫁したりもします。

よい人間関係を築くための自己主張

友だちに自分の気持ちをどう伝えるか、あるいは伝えないかということを見極めていくのは、とても難しいことです。

子どもたちは、あとから、言えばよかった、言わなければよかったと、後悔するようなことがよくあります。また、自分の意見や気持ちが相手に理解されず、それがもとで人間関係がギクシャクしていくこともよくあります。

相手を傷つけずに、自分の気持ちを伝えるテクニックを学ぶことを、**アサーション・トレーニング**といいます。

アサーション・トレーニングは、まわりの人と率直で積極的なコミュニケーションを図ることができるようにするための学びです。間違ってはいけないのは、アサーション・トレーニングの目的は、相手を変えようとしたり、操作しようとするものではないということです。

アサーションとは、常に相手のことをおもんぱかりながら、自分の気持ちを伝える手法です。最近では、学校の道徳の時間などでアサーション・トレーニングを行うところが増えてきているようです。より良い人間関係を築くために、教育現場でもこの手法に注目し出しています。

自己表現の3つのタイプ

アサーションとは

　説得したり、納得させたりする方法とは別に、相手の気持ちも考えながら、自分の主張を受け入れてもらうコミュニケーション方法があります。これを、**アサーション**といいます。

　アサーションは自己主張や自己表現の方法の1つで、テクニックです。

　一般に、自己表現の方法には、次の3つがあります。

	内容	例（待ち合わせに遅れた友だちに）
アグレッシブ （攻撃的）	自分中心に考え、他人のことを考慮しない 自分が最優先で、他人を否定したり攻撃することもある	「今日の予定が台無し。今日の約束はもうなし」と怒って行ってしまう
ノン・アサーティブ （非主張的）	自分よりも他人を優先させる 自分を抑え込み、他人に合わせる	「待つのは平気だから、全然、気にしないで」と言いながら、納得できない
アサーティブ （アサーション）	自分のことを大切にするが、相手も大切にするその場にふさわしい方法で自分を表現する	「遅れそうだとわかったら、その時点で連絡もらえるかな。何かあったのかと心配だし、予定していたこともあるし」と言う

アグレッシブ＝攻撃的な自己表現

　自分の考えや気持ちが正しいものとして固執し、相手の言い分や気持ちを無視し、軽んじる自己表現が**アグレッシブな自己表現**です。

　自分の気持ちを表現するためには、相手の気持ちを傷つけることさえお構いなしの"ガキ大将""番長"的な子どもです。自分勝手で、他の人を否定したり、操作、支配しようとする言動が目立ちます。また、一方的で有無を言わせず、自分の優位を保とうとします。

　アグレッシブな自己表現をする人の中には、他人が自分と違うことへの**不安**や、逆らわれることへの恐れ、他人ときちんと話ができない**不器用さ**などを抱えていることも多いといいます。

　ノン・アサーティブが積み重なって、アグレッシブに変わってしまうこともあります。

　他人を尊重する態度がみられないので、人間関係が長続きしないことも多いのです。

ノン・アサーティブ＝非主張的な自己表現

　自分よりも人を優先するため、自分の意見や考え、気持ちを表現しなかったり、自分を押さえてしまうのが**非主張的な自己表現**です。

　"ガキ大将"の奔放な言動や行動に対し、逆らえずについていくような子どもです。いつも自分の考えは言えずに、"ガキ大将"に詰め寄られても、抵抗するのかしないのかもわからず、言いたいこともはっきりしないタイプです。さらに強い力を持った人間が現れると、今度はその人の影響下に入り込みます。しかし、実のところは自分を押さえ込む人間に対する怒りも持っています。

　このタイプの人たちは、黙る、あいまいな言い方、いいわけがましい言い方、消極的な態度や小さな声など、相手に伝わりにくい表現を

してしまいます。

　自分を否定するような考えが目立ち、依存的、服従的な態度をとることが多いです。

　ノン・アサーティブな自己表現をする人は、相手を尊重しているようにみえますが、**心の中では不満**を感じていたり、**自分に正直でなかったり**するので、欲求不満やストレスがたまりやすくなります。自分を否定したり、落ち込んでしまうことも多いといえます。

アサーション＝アサーティブな自己表現

　自分も友だちも大切にしようとする自己表現です。自分の意見、考えや気持ちを、率直に、その場にふさわしい方法で表現します。「言うべきことを言う」のもそうですが、「言えるけれど、**あえて言わない**」という方法を選択するのもアサーティブな自己表現です。言わないことによる効果が、言うことによるそれに勝っていると判断すれば、あえて沈黙を守るのです。「言いたいのに言えない」とは全然意味が違います。

上手な自己表現

　自己表現をどのように行うかで、自分の気持ちや相手の気持ち、そして受け止め方もずいぶん違ってきます。

　攻撃的な自己表現は相手に嫌な思いをさせることが多く、非主張的な自己表現では、自分がわかってもらえないと、傷ついた気持ちが残り、惨めな思いをすることが多くなります。

　アサーティブな自己表現は、相手の気持ちも思いやりながら、自分の気持ち、考えを率直に言うので、相手にも伝わりやすく、お互いに不快な気持ちにならず、人間関係をよりよいものにしていきます。

子ども特有の人間関係

　子どもの場合は、大人の社会性が支配する職場とは違って、**友人との関係性**がとても重みを持ちます。

　たとえば、近年の子どもたちに見られる友人関係の特徴は、「なんとしても孤立は避けなければならないし、孤立を避けるためなら少々の自己犠牲は仕方がない。友だちと衝突しないように、また嫌われないように気をつかい、お互いを傷つける可能性のあるコミュニケーションはとらない」というものです。

　適度な距離感を保つことで、子どもなりのバランスをとっているのです。そしてこのバランス、人間関係が崩れると、孤立する、あるいは自分が異質なものとして扱われることになり、度を過ぎれば「いじめの構造」を生み出すことになりかねないのです。

　裏を返せば、それだけ**「傷つきやすい精神」**を持っているということなのかもしれません。友人との関係の希薄さは、傷つきたくないからであり、傷つかないなら、本音で話せる関係性を構築したいのです。

　子どもたちは、学校生活の中では心を開いた関係を作ることができなくても、顔もわからない、名前もわからない、どこに住んでいるのかもわからない、あるいは性別さえ関係ないメル友となら、親密な関係性を構築できるといいます。

　実生活では友人や周りの人とのつきあい方がわからなくて、ギクシャクしていても、メル友なら、相手を気づかう余裕すらあります。もちろん、メル友のすべてが悪いわけではありません。このような関係性からでも、適切なコミュニケーション能力を身につければ、健全で、建設的な人間関係を作ることができるようになるでしょう。その一方で、メル友はやはり現実の人間関係とは違う次元のものであり、そのメリット、デメリットがあることを子どもたち自身が知っていく必要があるでしょう。

子どものためのアサーション・トレーニング

自己表現は良いことである

　子どもたちがアサーティブな自己表現をできるようにさせるには、まず、自己主張、自己表現をすることは良いことだと、**肯定的な気持ち**を持たせることが大切です。

　人の気持ちの中には、自己表現を阻む考え方や気持ちがあります。「友だちに嫌われたくない」「友情を壊したくない」「いい人でありたい」「友だちに申し訳ない」「友だちを傷つけたくない」「自分が我慢してすむなら、その方がいい」──など。これらの考えは、自己表現を間違って捉えています。

　アサーティブな自己表現をし、きちんとそれが相手に伝わったときには、人を傷つけたり、人から嫌われたり、関係が悪くなるようなことはありません。もちろん会話はキャッチボールですから、相手がボールを受け止めようとしてくれなければうまくいきませんが、少なくともこちらは相手が取りやすいボールを投げることで、自分の責任を果たすことはできます。

　このことを子どもたちによく理解してもらい、肯定的な気持ちでアサーション・トレーニングを始めなければ、アサーティブにはなれません。

アサーション・トレーニングのポイント

　アサーティブな自己表現を行うためには、次のポイントがあります。

①自分の気持ち・考えをきちんと正確に捉える
②周囲の状況や相手を客観的に観察する
③自分の要求や希望をはっきりと表現する
④非言語的コミュニケーションも活用する

　アサーションの目的は、他人を説得しようとすることではなく、**自分の主張を他人に知ってもらうこと**であるということを常に念頭に置くことが大切です。話をするときは、他人の言動を批判しないで、自分の気持ちを話します。その際は、プラスの感情を先に伝え、あとからマイナスの感情を伝えるほうがよいでしょう。共感的理解を示してから、自己主張をするようにしましょう。他人の人格を否定したり、非難してはいけません。主張は具体的に伝えましょう。

自分の気持ち・考えをきちんと正確に捉える

　自分でも何を言いたいのかわからないのでは、相手に伝えられるわけがありません。
「私は今何を考えているのだろうか？」「私はこの状況をどう思っているのだろうか？」と考えます。ポイントは**「私は」を主語**にして考えてみることです。
　学校で友だちに意地悪をされた場合に、「私は、なぜ自分が意地悪をされているのかわからない」「私はあの人のことを嫌だなと思う」「あの人も、私のことを嫌っているか知りたい」などと、自分が思っていることを漠然とではなく、ひとつひとつの思いとして整理していきます。そして逃避の方向ではなく、積極的な気持ちが持てるようにまとめていくことがベストです。

周囲の状況や相手を客観的に観察する

　観察の結果、**事実をもとに**話をすれば、感情的にならずに話すことができますし、相手もこちらの話を聞きやすくなります。
「あいつは、空気が読めない」というのは、その場の状況を察知していない言動や行動に対して言われることですが、そういう関係性では人間関係は悪くなる一方でしょう。
　たとえば、学校の売店で、割り込みをしようとする友だちがいました。そのとき「並んでんだから、最後につけよ！」と喧嘩腰にならずに、「みんな順番に並んでいるんだよ。あそこが列の終わりだと思うよ」と事実をわかりやすく言われれば、相手も、割り込みをしないで、ルールにのっとって最後尾に並ぶんだなと理解し、納得することができるでしょう。

自分の要求や希望をはっきりと表現する

　次の日曜日はデートの約束があります。そこへ仲の良い友人たちが、サッカー観戦に行こう、と誘ってきます。「その日はだめなんだ」と言っても、「つきあいの悪いやつだな、行こうぜ！」と、ずけずけと強要してきます。さて、この状況ではどうしたらいいのでしょうか？
「自分がどうしたいのか」「何を希望しているのか」を表現するときに覚えておかなければならないことは、「私はこうする」という結論を相手に伝えるのではなく、「私はこうしたいけれど、あなたはどう思いますか？」という、**話し合いのための提案**をするということです。
「実は、その日はデートなんだよ。彼女も連れて行っていいんだったら、一緒に行くよ」という結論に落ち着くかもしれません。

非言語的コミュニケーションも活用する

いくら言いたいことが明確で、適切なものであっても、下を向いてボソボソと話したのでは相手には伝わりません。相手に伝わるようなコミュニケーションの方法でしっかりと伝えましょう。

思わず出てくる**「伝えたい」という動作**を、意識して積極的に使うことで、コミュニケーションはかなり効率よくなります。

DESC法で整理する

DESC法とは、自分の気持ちや伝えたいことを4段階で整理して、アサーティブに表現するための手法です。

Describe＝描写する
Express＝説明する
Suggest＝提案する
Choose＝選択する

の4段階の英語の頭文字をとってDESC法と呼びます。

Describe＝描写する

置かれている状況を、事実のみ客観的に描写します。解決すべき問題とそれに対する相手の行動を、自分の感情を交えずに描写します。

Express＝説明する

Dで描写したことに対する、主観的な感情や意見を、率直に表現します。ただし、攻撃的になったりすることなく、相手の状況に共感する姿勢も大切です。

Suggest＝提案する

　問題に対する現実的で具体的な解決策を提案します。相手に望むことも具体的に表現して提案します。あくまでも「提案」であり、相手に強要したり、相手を非難するものではありません。

Choose＝選択する

　相手が提案を受け入れた場合、受け入れてくれなかった場合、両方を考えて、その次の自分の行動を考え、選択肢を示します。

ロールプレイングを行う

　子どもたちに次のような場面を想像させて、実際にアサーション・トレーニングを行ってみましょう。

場面1

　さんざん父親にねだって買ってもらった大切な本を、友だちがなかなか返してくれません。友だちは返却が遅れていることを詫びるでもなく、借りていることさえ忘れているような態度です。あなたは友だちに対してどういう態度をとりますか？

場面2

　友だちと映画を一緒に観に行きました。自分としては「あまり面白くないな」と思ったのですが、友だちは「すごくよかったよね〜、もう感動しちゃった！」と言っています。あなたはどうしますか？

場面3

　幅跳びの選手であるあなたは、練習で学校記録を上回る跳躍を見せ

ました。すると友人たちが「すっごい、絶好調じゃん。大会でも勝てるかもね」と言ってくれました。あなたはどう返しますか？

場面4

　見逃したくないテレビ番組を観るために、あなたは急いで塾から家に向かおうとしています。そんなときに友人たちが、ゲームセンターに寄っていこうと言います。今日は都合が悪いと言ったのですが、「つきあいの悪いやつだ」と言われました。あなたはどうしますか？

　アサーションはコミュニケーションですから、「**失敗**」はありません。あるのは、「**結果**」です。これが正しいというものはありません。双方向のやりとりですから、こちら側が同じ対応をしても結果が正反対となることもあり得ます。そのときそのときの結果が経験となっていきます。
　ロールプレイングが終わったら、参加者全員で振り返りを行い、「**こういう方法もあった**」などと話し合うことは有効でしょう。

Step 2-3

主張の内容による アサーションの種類

アサーションの種類

アサーションには、具体的にいくつかの種類があります。

①	自尊心の主張	「私には私の考えがある」と自己肯定できる
②	「NO」の主張	必要なときに「NO」と言える
③	感情の主張	自分の感情を、正当なものとして表現できる
④	変更の主張	主張を変更できる
⑤	依頼の主張	困ったときに助けを求められる
⑥	情報要求の主張	納得できないことに対して説明を求めることができる

　得意な主張と苦手な主張がある場合もあります。主張する相手によって、たとえば、母親に対しては、困ったときに助けを求めることができるのに、父親に対してはうまくできない、といった場合もあるでしょう。
　どんな種類の主張も、誰に対しても同じように、自己主張できるようになることが理想ですが、いきなり大きな目標を立てても、難しくてなかなかできません。
　「ここで、このひとことが言えたらいいのに」と思ったときに、**小さな勇気を出して言ってみる**というのが始めの一歩です。

アサーションのテクニック

　アサーションを、相手に受け入れてもらいやすくするためのテクニックがあります。

> アサーションのテクニック
> ①アサーションの目的の再確認。
> ②相手の言動を批判しないで、自分の気持ちを話す。
> ③プラスの感情のあとに、マイナスの感情を伝える。
> ④相手の立場や事情に共感してから、自己主張する。
> ⑤相手の人柄を否定したり、非難しない。
> ⑥相手のどの言動が自分にどんな影響を与えているのか、今後どうして欲しいのかを具体的に伝える。

①アサーションの目的の再確認

アサーションの目的は、「**こちらの主張を相手に知ってもらうこと**」であることを確認します。「相手を納得させよう、同意させよう」というのは目的ではありません。

②相手の言動を批判しないで、自分の気持ちを話す

たとえば、「人前で叱られて、私はとても恥ずかしかったです」などのように話します。

③プラスの感情のあとに、マイナスの感情を伝える

プラスの感情(喜び、感謝、うれしい、楽しいなど)のあとに、マイナスの感情を伝えるようにします。「誘ってくれてありがとう。でもちょっと風邪気味なので行けません」などのようにです。

ただし、プラスとマイナスのどちらを先に伝えるかは、状況や"何を""誰に"伝えるかによって、**何が有効かは変わってくる**でしょう。

④相手の立場や事情に共感してから、自己主張する

「あなたの気持ちはわかるけど、私はやっぱりやめておいた方がいいと思うよ」などです。しかし、あまりに相手の立場に立ちすぎてしまうと、自分の意見が言えなくなってしまうので注意が必要です。

⑤**相手の人柄を否定したり、非難しない**

　相手の人柄を否定したり、非難しないで、しかし**自分の言いたいこと**ははっきりと伝えます。「この前と言っていることが違うみたいだけど、どっちが本当なの？」などです。

⑥**相手のどの言動が自分にどんな影響を与えているのか、今後どうして欲しいのかを具体的に伝える**

　不快な感情も**具体的**に、今後どうして欲しいのかを伝えます。「こういうとき、あなたはすぐ泣いて黙っちゃうけど、そうすると私にはあなたが何考えているのか判らなくて、困っちゃうんだ。だから、気持ちが落ち着いたらでいいから、何を考えているのか教えて」などのようにです。

アサーションを上達させるために

　アサーションは、**身近なこと**、**小さなこと**から、少し意識をして始めることが大切です。
　まずは、こんな風になれたらいいなと思う人を見つけて、その人の真似をしてみましょう。
　「こんなときはどう言えばいいか？」と、あらかじめいくつかセリフを考えておくことも有効です。
　人を褒めて、**褒め上手**になることも大切です。話し方や、声の大きさ、目線なども意識して、話をしてみます。
　反論や批判にも強くなりましょう。自分の意見が却下されたからといって、自分の人格すべてが否定されたわけではありません。
　アサーションを上達させるためには、毎日の小さなことの積み重ねが一番大切です。成功すれば自信がつき、自信がつけばさらにアサーティブになれるのです。

説得的コミュニケーション

意図的に相手の態度を変容させようとして行うコミュニケーションがあります。これを、**説得的コミュニケーション**といいます。

情報の送信者、つまり相手を説得しようとしている側の人の信頼性が高いと、一般に、説得は受け入れられやすくなります。ただし、時間が経過するとともに、信憑性が薄まる**スリーパー効果**があります。逆に、信頼性の低い人の説得は、一定期間経過後に効果が現れてきます。

また、説得しようとしている送信者の意思が、受信者に明確に意識されると、心理的な抵抗や反発が生じ、態度が硬化してしまうといいます。人間は、基本的に自分の考えや行動を自分で決定したいと思っているのに、それに制限を加えられることで、自由を脅かされたと感じ、自由を回復すべく動機づけられ、抵抗が生じると考えられています。これを、**心理的リアクタンス**といい、説得や依頼の妨げとなります。

説得や承諾を得ることが困難だと思われる場合、最初に、受け入れやすい小さな依頼を行い、次に、本来の目的である大きな依頼を行うと、受け入れられやすくなるといいます。これを、**フット・イン・ザ・ドア法**あるいは段階的要請法といいます。

説得的コミュニケーションの方法には、情報の提供のしかたによって、次の2つがあります。

一面的コミュニケーション	説得したいことに有利な情報だけを提供する →相手が内容についてほとんど情報を持っていない場合に効果的であるとされる
両面的コミュニケーション	有利な情報と不利な情報をあわせて提供する →相手が内容についてある程度情報を持っている場合に効果的であるとされる

Step 2-4

得意な主張
苦手な主張をチェック

アサーション度チェック

以下の項目のあてはまるものに○をつけてみましょう。

①	自分の意見が他の人と違っていても、自分の意見を発言できる	
②	自分から長電話を終わらせることができる	
③	批判されても、平静に対処できる	
④	素直に自分の間違いを認めることができる	
⑤	話の腰を折られたときに、その人に対して、そのことを伝えられる	
⑥	他の人に、自分の長所や成し遂げたことを言うことができる	
⑦	アドバイスを頼まれたときに、できないことは断れる	
⑧	何かに誘われたときに、都合が悪ければ断ることができる	
⑨	さまざまな場面で、緊張してしまっても、自分を失うことはない	
⑩	注文が希望したものと違っていたとき、返品や交換の交渉ができる	
⑪	自分の気持ちはどうあれ、冷静に相手への評価を伝えられる	
⑫	人見知りせずに、初対面の人と話ができる	
⑬	セールスや店員が勧めるものを断れる	
⑭	人に助けを求めることが、恥ずかしいとは思わない	
⑮	相手がおせっかいを焼いていると思ったとき、そのことを本人に伝えられる	
⑯	誰かと話している途中でも、必要なときには会話を打ち切ることができる	
⑰	快諾できない要求には、NOと言える	
⑱	相手に対する気持ちを素直に伝えることができる	
⑲	知ったかぶりをせずに、わからないことは人に質問できる	
⑳	人が自分をほめたときに、素直に受け止めることができる	
	合計	

チェックの結果

○の数が、10個以上であれば比較的アサーティブな人といえるでしょう。○がつかなかった項目が、苦手な自己表現の領域ということになります。極端に苦手な領域があった人は、原因や理由を分析することが重要です。

おおまかに分類してみると、次のようになるでしょう（一部、重複しているものもあります）。

①自尊心の主張：1、3、4、6、20
②「NO」の主張：7、8、13、17
③感情の主張：5、9、11、18、20
④変更の主張：2、10、15、16
⑤依頼の主張：4、12、14、19
⑥情報要求の主張：12、17、19

結果を踏まえて

もちろん、相手や状況、対象によって違うこともあるでしょう。「Aさんになら違う意見でも言えるけれど、Bさんには言えずに、ついついBさんの意見に合わせてしまう」「これに関してはお母さんに助けを求められるけど、このことは言えない」などです。この場合には、どうしてそこに違いがあるのかを振り返ってみることが大切です。

また、○がついていても、相手に対して否定的な気持ちがあるとしたら、それは相手に配慮していない発言かもしれません。

たとえば、自分が悪かったと認めたとしても、相手に対して「そんなふうに責めなくたっていいじゃないか」という気持ちを持っていたり、「自分だって間違えるじゃないか」などと思っていたら、正しいアサーションではありません。

アサーション・トレーニング

　チェックリストは、小学生でも言葉を少しやさしくしてあげればできますので、子どもにやってもらうのもいいでしょう。

　ある人々は、その人のパーソナリティや環境によって、アサーションが自然と身についているかもしれません。しかし、アサーションが身についていない人にとっては、ある程度意識して、**自分を訓練していく**必要があります。

　訓練といってもあまり大げさに考える必要はありません。先にあげたようなチェックリストなどを使って、どの場面で自己表現できているか、どんな場面が苦手かを知り、比較的やりやすいと思う場面で、自分の行動や言動を意識してみます。

　コミュニケーションの結果について、「もっとこうすればよかった」と後から思うことはあるでしょう。やりとりを振り返って、「こうすればよかった」と思ったことを自分の中に蓄積し、新たな場面でその経験を活かしたり、応用できるようになればいいのです。

　自分のコミュニケーションを意識し、**できるところから変えていく**、そのこともまた、ストレス・マネジメントの大切な方法です。

子どもや家庭にとっての自己主張

　家庭の中においても、夫婦がお互いにきちんとした自己主張ができる関係であることが大切ですし、親子関係においても、しっかりと話し合える関係を作ることが大切です。

　子どもたちは家庭環境で学んだことを、学校社会の中で実践しようとします。普段から**言いたいことがちゃんと言える環境**にいることが、子どものアサーション能力を高めることになり、社会で自己をうまく適応させていくことになるのです。

家庭内の人間関係は複雑な場合も多く、自己主張をすることが難しい場合もあります。しかし、本来は、夫婦間であっても親子間であっても、誰もがきちんと自己主張し、お互いがお互いを尊重し合える関係であることが望ましいのです。そのような視点から家庭を見直し、その家庭に何が必要なのかを考えていくことも、家族、親子をサポートしていく上で大切なことです。

Step2 上手な自己主張のススメ
理解度チェック

問題1 次の文章で適切なものには○を、間違っているものには×をつけなさい。

①アサーションでは、自分よりも他人を優先させる。[ ]
②アグレッシブな自己表現をする人は、他人と違うことへの不安を抱えていることが多い。[ ]
③ノン・アサーティブな自己表現をする人は、いつも相手を尊重している。[ ]
④「あえて言わない」こともアサーティブな自己表現である。[ ]
⑤アサーティブな自己表現は、人間関係をより良いものにしていくことができる。[ ]

問題2 次の文章で適切なものには○を、間違っているものには×をつけなさい。

①アサーションの目的は、自分の主張を他人に知ってもらうことである。[ ]
②自分の気持ちを正確に捉えるために、「あなたは」を主語にして考えるとよい。[ ]
③観察の結果、事実をもとに話をすることが大切である。[ ]
④自分の要求は、結論として伝える。[ ]
⑤言葉で伝えることが重要で、非言語的コミュニケーションは用いない。[ ]

問題3 次の文章中の［　］内で正しいものを選びなさい。

①アサーションを相手に受け入れてもらいやすくするために、［ ア 自己主張してから相手の立場に共感する　イ 相手の立場に共感してから自己主張する ］。
②一般に、説得しようとしている側の人の信頼性が［ ア 高い　イ 低い ］と、説得は受け入れやすくなる。
③説得しようとしている人の意思が、受信者に［ ア 明確に意識される　イ 曖昧なままである ］と、受信者の態度が硬化することがある。
④フット・イン・ザ・ドア法では、最初に［ ア 本来の目的である大きな依頼　イ 受け入れられやすい小さな依頼 ］を行う。
⑤有利な情報と不利な情報をあわせて提供する方法を、［ ア 一面的　イ 両面的 ］コミュニケーションという。

問題4 次のアサーション種類表の［　］にあてはまる語句を答えなさい。

［ ① ］の主張	「私には私の考えがある」と自己肯定できる
［ ② ］の主張	必要なときに「NO」と言える
［ ③ ］の主張	自分の感情を、正当なものとして表現できる
［ ④ ］の主張	主張を変更できる
［ ⑤ ］の主張	困ったときに助けを求められる
［ ⑥ ］の主張	納得できないことに対して説明を求めることができる

①［　　　　　　　］②［　　　　　　　］③［　　　　　　　］
④［　　　　　　　］⑤［　　　　　　　］⑥［　　　　　　　］

上手な自己主張のススメ
理解度チェック 解答と解説

問題1
① × アサーションは、自分のことも、相手のことも大切にする自己表現方法です。
② ○ 逆らわれることへの恐れや、他人ときちんと話ができない不器用さを抱えていることも多いといいます。
③ × 一見、相手を尊重しているように見えますが、心の中では不満を感じていたり、自分に正直でなかったりします。
④ ○ 「言いたいのに言えない」とは異なり、「言えるけれど、あえて言わない」のはアサーティブな自己表現です。
⑤ ○ 自分も相手も尊重するので、相手に伝わりやすく、不快な気持ちにもならず、人間関係をより良いものにできます。

問題2
① ○ 他人を説得することが目的ではないので、相手の言動を批判することは避けます。
② × 「私は」を主語にして考えると、自分の気持ちや考えを整理できます。
③ ○ 事実をもとに話をすれば、感情的にならず、相手も話を聞きやすくなります。
④ × 結論ではなく、話し合いのための提案として伝えます。
⑤ × 非言語的コミュニケーションも活用します。

問題3
① イ 相手の立場や事情に共感してから自己主張した方が受け入れてもらいやすくなります。
② ア ただし、信頼性の高い人の説得は、時間の経過とともに信憑性が薄まるスリーパー効果が生じることがあります。

③ ア 心理的リアクタンスといい、説得や依頼の妨げとなります。
④ イ フット・イン・ザ・ドア法は、段階的要請法ともいわれます。
⑤ イ 一面的コミュニケーションとは、説得したいことに有利な情報だけを提供する方法です。

問題4

①自尊心 ②「NO」 ③感情 ④変更 ⑤依頼 ⑥情報要求
自分の得意な主張と苦手な主張について知っておくことが大切です。

Part4

家庭でできるリラクゼーション

Step 1

リラクゼーションの効果

　リラックス反応とは、ストレス反応と相反する反応で、まわりが安心・安全で脅威でないと判断したときに現れます。リラックス状態を積極的につくり出すことで、ストレスによる問題が解消されます。

身体と心は連動している

　子どもたちは、極度に緊張すると身体が萎縮してしまいがちです。寒くもないのに腕を自分の身体に絡める、手のひらを組む、など、まるで外敵から防御するかのように、緊張感から自分の身を守ろうとします。

　スポーツの大会などで、これから競技をしようとする子どもが緊張していると、遠くからコーチが、「リラックス、リラックス。身体を動かせ、ストレッチをしろ！」と呼びかける様子をよく見かけます。これは、言葉を換えると「緊張しないで、身体を動かして落ち着け」と言っていることと同じことなのです。

　身体を動かすことで、緊張から萎縮した筋肉が解きほぐされ、そのことで気持ちのこわばりも緩和されます。緊張とは本来、気持ちや意識の問題のはずですが、身体から緊張を取り除くことで、**心にアプローチ**しているわけです。

リラクゼーション法の導入

　ストレスをコントロールする方法として、**リラクゼーション法**を身につけることは有効です。家庭や学校で簡単に行えるものもあります。地域のグループなどで、レクリエーション的に取り組んでみるのもいいかもしれません。

リラクゼーション法を導入するにあたっては、**ストレスに対する正しい理解**と、**リラクゼーションの必要性**を理解することが大切です。理解したうえで取り組むのと、そうでない場合とでは、効果は大きく違ってきます。

　たとえばオリンピックや、大きな競技会に出場する選手たちの緊張や不安を例にあげると、子どもたちも納得しやすいでしょう。

　実際に選手たちが行っているリラックス法などが記事になっていたら、それを理解促進のための材料とするのもいいでしょう。世界の頂点に立とうとする選手たちが、いかにプレッシャーと戦い、ストレスを克服しているのか。そして実力を引き出すためにはリラックスすることがどれだけ重要なことか、などを説明し、そのあとに、子どもたちの実生活におけるプレッシャーとストレスについて話し、そしてリラクゼーションの必要性の話に移行させていきます。

学校現場での留意点

　学校の現場でリラクゼーション法を教えると、子どもたちは「学習」という意識が強く残るためか、リラックスする方法を緊張して聞く、ということになりかねません。授業というよりも、**レクリエーション**のような感覚で、先生も子どもたちも接することが望ましいといえます。

Step 1-1

ストレスには
リラックス・リラックス

プレッシャーに強い人・弱い人

　スポーツ競技会などで、プレッシャーをバネにして、さらに良い記録を残す人と、逆に、プレッシャーに押しつぶされて、普段の練習の成果が出せずに終わってしまう人がいます。同じ状況下にいても、プレッシャーやストレスを感じる人と、あまり感じない人がいて、それによって出てくる結果は大きく変わってきます。

　プレッシャーに強い人は、結果だけでなく、**経過（プロセス）を楽しむことができる**といわれます。こういう人は、自分の努力次第で結果は変わると考えていますが、結果だけを見るのではなく、今やっていることに集中し、工夫しながらその経過を楽しむことができます。

　また、**ユーモア**も大切です。笑いを大切にする人は、いつでも面白いことを見つけることができ、少々の失敗なら笑い飛ばしてしまいますし、人を許すおおらかさも持っています。

　あまり人とベタベタせず、自分1人で行動したり、1人の時間を大切にする、さっぱりとした人もストレスには強いといえます。そして、挑戦者タイプで何事もやればできると信じてチャレンジしていく人は向上心が強く、困難に出会うと、俄然はりきります。このような人たちは、プレッシャーやストレスを感じても、それをバネにして前進することができます。

　プレッシャーに弱い人は、**まじめで几帳面な人**といわれます。このような人は、途中で妥協できず、責任感が強く、何でも自分で抱え込んでしまいます。そして少しでもうまくいかないと落ち込んでしまいます。がんこで厳格な人も、人のミスを許せず、他の人の行動を見て

はイライラしてしまいます。

　特にこのようなタイプのお母さんは、ストレスの塊となりやすいので要注意です。子育ては得てして自分の思い通りにいかないことのほうが多いからです。子どもに対して「何でこんなこともできないの？」と言ってしまったり、心の中で思ってイライラしたり、何でもかんでも口を出し、手を出してしまうことも多くなります。

　しかし、実は自分で自分を追い詰めていることに気づかないことも多く、なかなか行動を変えていくことが難しいのです。

子どもにも自分にもおおらかに

　こうしてみてくると、**おおらかな人間**こそ、学校においても、社会においても生きやすいことがわかるでしょう。

　ところが、不思議なことに、親たちは、子どもたちにまじめで几帳面な人になることを望んでいたりします。まじめで几帳面であることは美徳ですし、それ自体を否定するものではありません。それを強要するような態度が、子どもにストレスを与えてしまうのです。自分の若い頃は、結構大雑把で、いい加減にやってきたのに、子どもには「忘れ物をしない」「机の周りをきれいに」「見苦しい身なりをしない」「挨拶はきちんとする」など、こまごまと注意をし、何度でも同じことを言います。

　言わずにいられない状況であったとしても、感情的な物言いでは、子どもたちは常にストレスにさらされ続けることになります。注意の仕方は、子どもの性格を考慮した上で、工夫することが望ましいでしょう。

息の抜き方を覚えよう

　息を止めたままでは、誰でも苦しくなってしまいます。ストレスに

さらされ続けて、心が休まるひまがない状態は、息を止めていることさえ忘れてしまっている状態といえるかもしれません。**適度に息を抜くこと**を覚えないと、いつか壊れてしまいます。

先に述べた、おおらかな人というのは、自然と息の抜き方が身について実践できている人といえるかもしれません。一方、まじめで几帳面な人は、息の抜き方を知らないか、知っていてもどのタイミングで行っていいかわからない、あるいはタイミングをいつも逃してしまう、という人といえるかもしれません。

何ごともメリハリが大事です。たとえ160キロの豪速球でも、そればかり投げていては、いつかは打たれます。緩い変化球を間に挟むことで、ストレートの速さが活きてくるのです。緩急をつけることが、「ここぞ」というときに力を発揮するためには、大切なのです。

心が緩んだ状態のことを**リラックス状態**といいます。リラクゼーションとは、リラックス状態へ誘導するための手段や方法のことをいいます。ストレスをためやすい人ほど、**意識的にリラクゼーションを行う**必要があるといえます。

ストレスに弱い子どもの特徴

おとなしい子ども、嫌なことでもはっきりと断れない子ども、自分の意見を言えない子どもは、**ストレスに弱い**といっていいでしょう。あとになって、後悔したり、自己嫌悪に陥ってしまうのです。

いつもいつも同じことを繰り返して言う子どもはいませんか。その場合、そのできごとが、よほど印象深かったのか、気になって仕方がないのです。そのことを「印象深いできごと」として捉えているか、「気になることがら」として捉えているかによって、その子にとってストレスになっているのかどうかを判断することができます。ですから、子どもの言動に注意して耳を傾けることが必要でしょう。

また、あれこれ気になって心配したり、取り越し苦労の多い人は、いつも気になることがあるので、心が休まるひまがありません。このような人たちは、いつもストレスを抱え込んでいます。
　このようなタイプは、人づきあいが苦手で、近所づきあいや親同士のつきあいを避けようとしたりします。また、子どもにもこのタイプの子が多く、クラスや友だちとうまく人間関係を作れないと悩んでいることもよくあります。

リラクゼーション法を取り入れよう

　子どもも大人も、ストレスに弱い性格を変えるというのは、なかなか難しいものです。そこで、意識的に心身の緊張をほぐす方法を身につけて実践できるようにしておくと、ストレスで心身が壊れてしまうことを回避できます。
　リラックス状態とはどんな状態か、どのような効果が期待できるのかを学び、**簡単なリラクゼーション法**を実践してみましょう。

リラックス状態とは

リラックス反応とは

　ストレス反応とは、ストレッサーに対する心身の戦闘態勢だと先に述べました。一方で、心身には、疲労回復のために休息し、新たなエネルギーを充電させるメカニズムがあります。この非戦闘時の休息のための反応を、リラックス反応といいます。

　リラックス反応とは、安全で安心できる環境にあり、環境や刺激が脅威ではないと判断したときに、自然に起こる反応です。

　ストレス反応と**リラックス反応**は、相反する反応です。ストレス状態では、不安が安心を制止して、不安や緊張が生じています。リラックス状態では、安心が不安を制止して、不安や緊張は生じにくくなります。このような関係を、「逆制止」といいます。

　つまり、リラックス状態を積極的に確保することで、ストレスによる問題を解消することができるのです。

リラックス反応を引き出すには

　安心が不安を上回ったときに、リラックス反応が起こります。
　そのためには、次のような環境・状況をつくり出すことが必要です。

- 安心できる環境
  ⇨危険や脅威のない環境、安全で落ち着いた環境
- 信頼できる人間関係と大切にされているという実感
  ⇨人に守られているという安心
- 楽しいこと・うれしいこと・笑うこと
  ⇨不安や恐怖からの解放
- 好きなこと・熱中できること
  ⇨ストレッサーについて考えることからの解放

リラックス状態とストレス状態の比較

　自律神経には交感神経と副交感神経がありますが、リラックス状態では、**副交感神経が優位**になります。逆に、ストレス状態のときは、交感神経が活発になっています。

　リラックス状態では、副交感神経の働きで、心拍数や呼吸数は減少し、血圧は低下し、筋肉はゆるみ、末梢循環は増加します。脳波では、α波が優位となります。

　ストレス状態では、交感神経が活発に働き、心拍数も速くなり、呼吸数も多くなります。筋肉は緊張し、末梢循環は減少するため、手足が冷たくなったり、手のひらに汗をかいたりします。脳波ではβ波が優位となります。

ストレス状態 （交感神経優位）	部位	リラックス状態 （副交感神経優位）
拡大	瞳孔	縮小
抑制	涙の分泌	促進
少量の濃い唾液	唾液腺	大量の希薄な唾液
拡張	気管支	収縮
収縮	血管	拡張
促進	心拍数	抑制
上昇	血圧	低下
収縮	立毛筋	ー

促進	発汗	―
上昇	血糖	低下
抑制	消化管運動	促進
収縮	膀胱括約筋	弛緩
β波	脳波	α〜θ波

リラックス状態とは

　リラックス状態とは、身体的にも精神的にも、緊張やストレスから解放された状態です。ゆったりとした気分で、くつろいだ状態です。

　リラックス状態とは、ただゆったりとした心身の状態を指すのではありません。生理学的には、脳波のα波を引き出すと脳の活動が穏やかになり、気持ちよく、眠くなってきますが、この気持ちよいという感覚が、脳から体によいホルモンを分泌させ、循環器系、神経系、免疫系などの働きを活性化させ、自然と回復力を呼び覚まします。

　ストレス状態は、たとえば、ゴムでできたまりが外からの力が加わって**歪み**が生じている状態です。それに対して、リラックス状態とは、少々の力ではへこまない、あるいはへこんでもすぐに元の状態に戻ることができるような、**復元力の高まった柔軟な状態**を意味しています。

> リラックス状態では
> ・心身が落ち着いて安定している
> ・精神は集中していて、緊張はない
> ・疲労が回復し、エネルギーが充電される

リラクゼーションとは

　一般に、昼間の活動時は、交感神経系の働きが優位で、睡眠時は、副交感神経系の働きが優位になっています。睡眠とは、心身の疲労を回復させるための、最も休息した状態といえます。活動と休息のバラン

スがとれているときが、"**健康状態**"なのです。

　ストレス状態が続くということは、本来、機能するはずの休息機能が十分に機能していない状態であるといえます。そこで、リラックス状態を積極的につくり出し、心身を休息させて、健康状態を回復する必要が出てきます。

　心身の緊張をほぐし、リラックス状態に導く手法を、**リラクゼーション**といいます。

　リラクゼーション法は、筋肉を緩めることによって不安や緊張が解消できるのではないかという発想で、病気の治療や健康増進に広く利用されるようになりました。

Step 1-3

効果的な
リラクゼーション

リラクゼーションの効用

　リラクゼーションによって、ストレスを解消すること、軽減することができます。また、疲労を回復したり、安眠をもたらす効果もあります。**自然治癒力**や**免疫力**も高まるといわれ、心身の健康維持・増進に効果があります。

　ストレスを感じたとき、イライラとした気分になったとき、腹が立つことがあったとき、緊張したときなど、簡単にリラックス状態をつくる方法を身につけておくと、気分を静め、落ち着きを取り戻すことができ、冷静に判断・行動することができます。

> リラクゼーションの主な効果・効用
> - ストレスの軽減や解消
> - 疲労からの回復
> - 免疫機能を高め自然治癒力を向上させる
> - 心身の緊張を緩和する
> - ストレスによる疾患を予防する
> - 心身の健康の維持
> - ストレスをうまくコントロールできるようになる
> - 良好な睡眠が得られる

簡単にできるリラクゼーション

　私たちが普段から行っているような次の行動も、**リラクゼーション効果**を得ることができます。

　ストレスがたまってきたなと感じたとき、気分がイライラしている

とき、何となく調子が悪いと感じるときなどに、意識的に行ってみるとよいでしょう。

どんなときに、どのリラクゼーションが効くのか、自分で知っておくことも大切です。

身体をほぐす	・身体を伸ばす ・ストレッチ体操を行う ・マッサージをする ・ぬるめのお風呂に入る　など
呼吸を整える	・深呼吸する ・腹式呼吸を行う ・呼吸を数える　など
感情を解放する	・思いきり笑う ・思いきり泣く ・言葉に表す　など
感覚に働きかける	・好きな音楽を聴く ・好きな香りを嗅ぐ ・好きなものと触れ合う　など
その他	・食べる ・飲む　など

効果的なリラクゼーションを行うために

　リラクゼーションを効果的に行うためには、「**身体**」と「**呼吸**」と「**心**」を整えることが大切です。身体を整えるためには、身体全体の筋肉を伸ばしたり緩めたりして筋バランスを整えるストレッチなどが有効です。

　呼吸を整えるためには、「**ゆっくり、規則的に、長く吐く**」が原則です。私たちの身体の力は、息を吐くときに抜けていき、吐ききったところが一番脱力している状態だといわれます。

　リラクゼーションを効果的に行うためには「**息を吐く**」ことを意識することが大切です。

心を整えるためには、H・ベンソンによれば「何らかの対象（言葉、文、筋肉運動などの繰り返しの作業）に心を向け、注意がそれたら繰り返しの作業に戻り、またそれたら戻る」が原則です。

　集中しよう、しようと思うとかえって心が乱れます。注意がそれてもそのままやり過ごし、繰り返しの作業を続けることが大切なのです。

リラクゼーションにかける時間

　リラクゼーションにかける時間によっても、その効果に違いがあることがわかっています。

　一般に、リラクゼーションを開始して**3～5分ぐらい**は緊張が緩む効果が大きく、長時間になってくると活性化する効果が加わってきます。

　たとえば、自己催眠を利用したリラクゼーション法として広く用いられている自律訓練法を実習すると、健康な人の場合、最初の5分くらいは血圧が下がってきますが、10分も経つと逆に血圧は高くなることが多いといいます。

　肩こり、頭痛、高血圧、不眠症といった心身の緊張状態が直接関与している病態には短時間の実習でも効果がありますが、うつ状態や慢性疲労などのエネルギーの低下した状態には、長めの実習をすることが望ましいと考えられます。

　リラクゼーションを病気の治療や健康増進に利用し、持続的な効果を得るためには、毎日続けることが必要です。長期的に続けることによって、ストレスに対する抵抗力が増し、「**体質改善**」へと導くことも可能となります。

Step 1-4

その場でできる
リラクゼーション法

セルフケアとして、家庭や学校で、比較的簡単にできるリラクゼーション法を紹介します。

ため息呼吸法

とても簡単な方法で、時間や場所を選ばずにどこででもできます。身につけておくと、ちょっとしたときに、身体や心の緊張をほぐすのに役立ちます。特に子どもにとっては、試験、部活の試合、クラス発表など、さまざまな場面で活用することができます。

方法
① 鼻から4〜5秒かけてゆっくりと息を吸いこむ。
② 吸いこんだ状態で1〜2秒息を止める。
③ 口をあけて一気に吐く。
④ 吐いた後1〜2秒息を止める。
⑤ これを3〜4回繰り返す。

深呼吸（腹式呼吸）

緊張したときによく行われる、手軽な方法です。腹筋を使って、深くゆっくり呼吸することで、副交感神経を優位にし、リラックス状態を促します。腹式呼吸には、**自律神経のコントロール効果**もありますし、気分を落ち着かせることができます。

> **方法**
> ①お腹に軽く手を当てる。
> ②お腹をふくらませるようにして、鼻からゆっくりと息を吸い込む。
> ③数秒間息を止める。
> ④口を小さくすぼめて、お腹をへこませるように、時間をかけて息を吐き出す。
> ⑤①～④を4～5回繰り返す。

イスを使っての深呼吸

　少し時間があり、座ったり、横になれる場所があれば、イスを使った呼吸法ができます。あまり形にこだわらず、ゆったりとした気分を味わい、「**体を休める**」という感覚を養ってください。横になっても行えます。教室のイスなどで行うこともできるでしょう。

> **方法**
> ①イスに浅く腰をかけた状態で、背中を背もたれにもたれかけ、ゆったり座る。
> ②足は前に楽に投げ出し、手は自然に開いて、手のひらを上に向けて太ももの上に置く。
> ③目を軽く閉じ、鼻からゆっくり息を吸って、口からゆっくり吐き出す。
> ④呼吸を繰り返しながら、肩や腕、足など、身体の力が抜けていることを感じて、心を落ち着ける。

身体を動かしながらの深呼吸

　ストレスを感じているとき、私たちの心が緊張しているのと同時に、肩や背中も緊張しているのです。深呼吸をするときに身体も一緒に動かすことで、心と身体の緊張をほぐしていきます。

> **方法**
> ①立って、足を肩幅に開く。
> ②鼻から息を吸いながら、両手を伸ばして横に上げる。
> ③手が肩の高さまで上がったらそこで止め、呼吸も3秒止める。
> ④細く長く息を吐き出しながら、両手をゆっくり下ろす。
> ⑤最後に鼻から息を吸い込み、口から吐く(整えの呼吸)。
> ⑥これを4～5回繰り返す。

呼吸を数える練習

　これは簡単にできるリラクゼーション法ですが、**続けていくほどに効果があがる**ものです。毎日少しずつ続けていくと、ストレスへの抵抗力もついていきます。

> **方法**
> ①横になるか、イスに楽な姿勢で座る。
> ②ゆったりとした呼吸(軽い腹式呼吸)をする。
> ③息を吸って、吐いたら1、吸って、吐いたら2……と呼吸を数えていく。10までいったらまた1に戻る。
> ④気が散ったりして、途中で数がわからなくなったら、また1から始める。ただし一生懸命数える必要はない。
> ⑤①～④を1回5～10分、1日1～2回行う。

瞑想法

　これは**ベンソンの瞑想法**と呼ばれている方法です。

【方法】
①イスに深く座るか、横になり、目を閉じる。
②呼吸に意識を集中させ、息を吐くときに頭の中で「リラックス」という言葉を繰り返す。(言葉は「安心です」「平和です」「ありがとう」など。他の穏やかな言葉でもよい)
③これを10分間続ける。

　リラクゼーションの方法はその他にも、催眠法、イメージ療法、バイオフィードバック療法などの他、泣くという方法もあります。アファメーションといって、自分で自分を励ますリラクゼーション法もあります。「私は私のままでいいのです」「私はみんなから必要とされる大切な人間です」などのように、自分に言葉をかけます。
　ここでのリラクゼーションの目的は、気分を静めることです。ストレスを受けると、不安やイライラが募ります。しかし、それを静めるとスッキリとしてずっと楽になり、冷静な判断ができるようになります。**気分的にリラックスした状態**をつくること、これはストレス・マネジメントにとって大変重要なポイントです。

Step 1

リラクゼーションの効果
理解度チェック

問題1 次の文章で適切なものには○を、間違っているものには×をつけなさい。

①プレッシャーに強い人は、プロセスを楽しむことができる。[ ]
②ストレスに強くなるには、ユーモアも大切である。[ ]
③まじめで几帳面な人は、プレッシャーに強い。[ ]
④おとなしい子どもは、ストレスに弱い。[ ]
⑤ストレスに弱い性格は、変えることができない。[ ]

問題2 次の文章中の[ ]内で正しいものを選びなさい。

①リラックス状態では、[ア 交感神経　イ 副交感神経]が優位になる。
②副交感神経が優位のとき、消化管運動は[ア 抑制　イ 促進]する。
③副交感神経が優位のとき、血管は[ア 拡張　イ 収縮]する。
④副交感神経が優位のとき、膀胱括約筋は[ア 収縮　イ 弛緩]する。
⑤ストレス状態の脳波は、[ア α波　イ β波]が優位となる。

問題3 次の文章の[ ]にあてはまる語句を、下記の語群から選びなさい。

リラクゼーションを効果的に行うためには、[ ]と[ ]と[ ]を整えることが大切です。呼吸は、[ ]、[ ]、[ ]吐くことが原則です。

語群
①身体　②心　③筋肉　④呼吸　⑤姿勢　⑥早く　⑦ゆっくり
⑧規則的に　⑨変化をつけて　⑩短く　⑪長く

問題4　次の文章で適切なものには○を、間違っているものには×をつけなさい。

①ため息呼吸法では、息を吸い込んだ状態で1～2秒止めた後、ゆっくり吐き出す。[　]
②深呼吸は、胸式呼吸である。[　]
③深呼吸は、4～5回繰り返すとよい。[　]
④呼吸を数えるリラクゼーションは、続けていくほど効果があがる。[　]
⑤ベンソンの瞑想法は、1時間続ける。[　]

Step1 Check Answer

リラクゼーションの効果
理解度チェック 解答と解説

問題1

① ○ 結果だけを見るのではなく、経過を楽しむことができる人は、プレッシャーをはねのけることができます。

② ○ 少々の失敗なら笑い飛ばし、他人に対してもおおらかに接することができます。

③ × 責任感が強すぎると、何でも自分で抱え込んでしまい、プレッシャーに押しつぶされてしまうことも多いです。

④ ○ はっきり断れなかったり、自分の意見を言えない子どもは、ストレスに弱いといえます。

⑤ × 性格を変えることは難しいですが、できないわけではありません。

問題2

① イ リラックス状態は、身体的にも精神的にも、緊張やストレスから解放された状態をいいます。

② イ 交感神経が優位のときは、消化管運動は抑制されます。

③ ア 副交感神経が優位のときは、血圧は低下し、末梢循環は増加します。

④ イ 副交感神経が優位のときは、筋肉は緩みます。

⑤ イ リラックス状態では、α波がみられます。

問題3

リラクゼーションを効果的に行うためには、[①] と [④] と [②] を整えることが大切です。呼吸は、[⑦]、[⑧]、[⑪] 吐くことが原則です。

①身体　④呼吸　②心　⑦ゆっくり　⑧規則的に　⑪長く

リラゼーションを効果的に行うためには、「息を吐く」ことを意識することが大切です。

> 問題4

① ✕ 息を止めた後は、口を開けて一気に吐きます。
② ✕ 深呼吸は、腹式呼吸です。
③ ◯ イスを使った深呼吸や、身体を動かしながらの深呼吸も効果的です。
④ ◯ 毎日、少しずつ続けていくと、ストレスへの抵抗力もついてきます。
⑤ ✕ ベンソンの瞑想法は、10分間程度続けます。

Step 2

さまざまな
リラクゼーション法

　習得したり、実施したりするのに少し時間はかかりますが、方法を知っていると、応用も利いて役に立つリラクゼーション法をいくつかみてみましょう。

自律訓練法

　自律訓練法とは、意識的に身体の緊張をほぐしながらリラックスする方法です。意識的に身体の緊張をほぐすといっても、能動的に意識を集中させようとするのではなく、**「受動的注意集中」**とよばれる状態になることが大切です。リラックスするぞと気張るのではなく、緊張をほぐす言葉を心の中で繰り返しながら、身体も心もリラックスしていきます。自律訓練法の特徴は、**「心から身体へ」**ではなく**「身体から心へ」**働きかけ、身体の緊張を解くことで、心の緊張を解いていく点です。身体がリラックスしている状態を意識的に作り、結果的に心もリラックスした状態にしていきます。

漸進的筋弛緩法

　漸進的筋弛緩法は、アメリカの生理心理学者であるジェイコブソンによって体系化されたリラクゼーション法です。
　筋肉に力を入れたとき（緊張）の感覚と、筋肉を緩めたとき（弛緩）の感覚を繰り返し感じることによって、**系統的に段階的にリラクゼーションを行う方法**です。

イメージ・トレーニング法

　プロスポーツ選手が、競技の前に目を閉じて、望ましい状態をイメージすることで集中力を高めている姿を目にしたことがあるでしょう。イメージ・トレーニング法とは、リラックスした状態や望ましい状態を**イメージ**することで、緊張をほぐしたり、集中力を高めたり、効率・効果を高めたりする方法です。

ストレッチ体操

　ストレッチ体操は、適度に筋肉を伸ばすことで**身体の緊張をほぐすと同時に、心の緊張をほぐす方法**です。特に、普段あまり使っていない筋肉を使うと、交感神経に適度な刺激が与えられ、ストレスや疲労回復、気分転換などに効果があります。ストレッチ体操に限らず、適度な運動は身体の緊張をほぐし、安静時の心拍数を減少させ、ストレスに対する耐性を高めることがわかっています。

子どもたちがリラクゼーション法を実施する場合

　小学生からでもこれらのリラクゼーション法を実施することは可能です。リラクゼーションの成果は、正しいやり方を理解しているか、どのような効果があるのかを理解しているか、に左右されます。年齢にあわせて、わかりやすい言葉で、納得がいくように説明してから、実際に行ってみることが必要です。高校生くらいになって、恥ずかしさが先に立って、積極的にやろうとしない場合などは、具体的に、「こんな人が行っていて、こんな効果が出ている」という事例を出してみるといいかもしれません。

Step 2-1

自律訓練法

自律訓練法（Autogenic Training）とは

　自律訓練法は、リラクゼーション法として最も代表的なものの1つです。名前を聞いたことがあっても、特殊で難しい方法というイメージを持っている人もいるかもしれません。しかし、**少しのコツ**をつかめば、決して難しくはありません。慣れてくれば**数分で心身共にリラックス**できるようになります。

自律訓練法の適応

　自律訓練法が最も効果的なのは**心身症**に対してであるといえます。自律訓練法により心身をリラックスさせ、不安感や緊張感を改善させることによって、心身症の身体症状を緩和することができます。

　基本的に、不安感や緊張感のあるメンタル疾患であれば、その多くは自律訓練法の適応となります。

　自律訓練法は、心身症や神経症などの疾患に用いられますが、医療機関で治療を受けている場合は、主治医と相談してから導入した方がよいでしょう。

　メンタル疾患だけでなく、身体疾患や身体の不調があるときも、試してみるには注意が必要です。

子どもと自律訓練法

　自律訓練法は、心身が緊張しやすく、リラックスするのが苦手で、大

事なときほど硬くなりすぎて、本来の実力を発揮できないような子どもに有効です。

勉強で忙しかったり、人間関係で悩んでいたりして、ストレスによる緊張状態から抜け出せずにいる子どもにも役に立ちます。

軽度の入眠困難がある場合、睡眠薬を使う前に、自律訓練法によって寝付きを良くすることを試してみる価値はあります。

自律訓練法の効用

自律神経の働きのバランスが回復することによって、体調全般を整える効果が期待できます。動悸がおさまり、呼吸も安定して、胃腸の動きも良くなってきます。自律神経が正常に働くことで、ホルモン分泌や免疫機能も正常化します。イライラ、緊張、集中困難、抑うつ感などの精神症状も緩和します。自律訓練法は、ストレスによる**身体症状**と**精神症状**の両者を改善する作用のあるリラックス法です。

自律訓練法の実施手順

①準備

温度、騒音、照明などに配慮して、できるだけ子どもがくつろげる部屋で行います。リラックスできれば、ベッドでもソファでもかまいません。慣れてくると、授業の合間や通学途中のバスや電車の中でもできるようになります。

ベルト、腕時計など、身体を圧迫しているものはなるべく外すようにします。トイレはすませておき、空腹時は避けます。

②実施手順

軽く目を閉じて、身体の力を抜きます。ソファならゆったりと背もたれに身をあずけ、息をゆっくりと吐くようにします。

以下のあらかじめ決まった形式（公式）を、心の中でイメージしながら**繰り返し唱え**ます。

公式は**7段階**に分かれますが、最後まで進む必要はなく、途中の段階でも十分に効果はあります。練習時間は**1回3〜5分、1日1〜3回程度**でよいでしょう。

公式①　気持ちがとても落ち着いている

心の中で、「気持ちがとても落ち着いている」と唱えます。ゆっくりと息を吐くようにして、吐くときに全身の力を抜くようにします。吐く息と一緒に、身体の緊張も外に出て行くようなイメージです。

公式②　手足が重たい

右腕（利き腕）に気持ちを向けて、右手の指先からスーッと力を抜いていきます。力を抜いて自然な重さを感じます。そして「右手が重た〜い」と数回ゆっくりと唱えます。

次に左手も同様に重さを感じるようにします。両手が自然な重さで下に沈み込んでいくのを感じます。

次に両足についても同様に力を抜きます。

公式③　手足が温かい

重さを感じながら力を抜いていくと、徐々に温かさを感じるようになります。そして「右手が温か〜い」と数回ゆっくりと唱えます。左手、両足と進んで「両手足が温か〜い」と唱えます。両手足の力が抜けて、ポカポカと温かく感じるようになってきます。

慣れてきたら以下の段階へ進んでいきます。

公式④　心臓が静かに規則正しく打っている

公式⑤　呼吸が楽にできる

公式⑥　お腹が温かい

公式⑦　額が気持ちよく涼しい

> **自律訓練法の練習手順**
> 公式①（背景公式）気持ちがとても落ち着いている。
> 公式②（四肢重感公式）両手両足が重たい。
> 公式③（四肢温感公式）両手両足が温かい。
> 公式④（心臓調整公式）心臓が静かに規則正しく打っている。
> 公式⑤（呼吸調整公式）楽に呼吸できる。
> 公式⑥（腹部温感公式）お腹が温かい。
> 公式⑦（額部冷感公式）額が気持ちよく涼しい。

実施にあたっての注意点

　自律訓練法では、「**受動的注意集中**」と呼ばれる状態が大切です。これは、注意は向けているのですが、能動的に意識を集中させるのではなく、ぼんやりとした状態で何となく意識を向けることをいいます。

　1回3分から5分程度が適当であるといわれますが、最初のうちは、「受動的注意集中」を維持することが難しければ、**1分くらいでやめる**のがいいでしょう。

　一種の軽い催眠状態に入っていますので、終了するときは必ず以下のような**消去動作**を行います。

　両手のこぶしを握って手を開きます。次に、胸元に腕を引きつけて、思い切り手を伸ばします。最後に2〜3回、大きく背伸びをしながら、腹式呼吸で深呼吸します。

　実施直後は、めまい、脱力感、ふらつき、もうろう状態などがみられることがあるので、注意が必要です。

自律訓練法

背景公式（安静練習）

第一公式（重感練習）

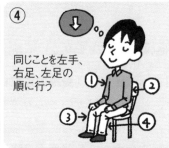

第二公式（温感練習）

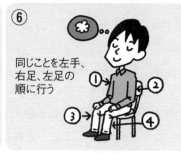

消去動作

漸進的筋弛緩法

漸進的筋弛緩法(Progressive-Muscle Relaxation、PMR)とは

漸進的筋弛緩法は、身体も心もリラックスした状態を作り出そうとするものです。ストレス状態の**筋肉の緊張を認識し、それを緩める方法**を身につける練習をします。

漸進的筋弛緩法の効用

こんな遊びをしたことはありませんか？

友だちに腕をつかんで押してもらい、自分はそれに反発するように腕に力を入れる。少しの間、その状態を続けると、友だちが手を離しても、腕が勝手に動いていってしまう。

ヒトの筋肉はこのように、ある力に対するクセを持ってしまうことがあります。いつも緊張している人は、知らず知らずのうちに身体をこわばらせ、筋肉も緊張させています。「リラックスしてください」と言われて、本人は力を抜いたつもりでも、実は筋肉はまだまだ緊張した状態にあることが多いのです。

この筋肉の緊張を解きほぐさない限り、本当の意味での弛緩はあり得ません。筋肉の緊張が長く続くと、身体の働きにも影響して、健康を損なう場合もあります。自分でも意識しない身体的緊張が、心の奥底を常に緊張させていることにもなります。

ところが、私たちは意外と筋肉の緊張を自覚しておらず、筋肉をリラックスさせるといっても、どうしたらいいかわからないということがよくあります。ですから漸進的筋弛緩法で、**筋肉が弛緩した状態を**

実感することが大切なのです。

　また、筋肉の緊張－弛緩を繰り返すうちに血液の循環も良くなり、さらにリラックス状態が促されていきます。

漸進的筋弛緩法の実施手順

　実施方法や手順にはいくつかのやり方がありますが、基本的に身体全体の筋肉をいくつかの部分に分け、それぞれの部分の筋肉を**緊張させる→弛緩させる**、を繰り返します。

　本格的な漸進的筋弛緩法は、全過程を行うには時間もかかり、習得も大変なので、ここではイスに座ったままでもできる簡易的な筋肉リラクゼーション法を紹介します（P170参照）。

①準備

　できるだけリラックスできそうな場所で行います。できればゆったりと座れるカウチやソファがあるとよいでしょう。

②実施手順

　イスに深く腰掛け、身体をだらんとさせます。そのまま軽く目を閉じて静かに深呼吸をします。

　以下の順番で、筋肉の緊張（5秒程度）とリラックス（30秒程度）を、各部分3回程度繰り返します。

　筋肉を緊張させるときには、7～8割ぐらいの力を入れ、筋肉が緊張しているときはどう感じられるか、筋肉はどうなっているのかを感じ取ります。

　その後、吐く息とともに力を抜きながら、筋肉が緩んでいくのを実感します。筋肉が緩んでくると、緩んだ箇所が暖かくなるような感覚や、血流がよくなった感覚を覚えます。

> **順番**
> 両手→目→口→顔→両肩→腹部→つま先→全身の力を抜いて、リラックス

実施にあたっての注意点

　気をつけたいのは、**筋肉が震えるほどの力を加えない**ということです。

　すべての部分を行わなくても、緊張を感じている部分だけ行うこともできます。気分転換をしたいときやちょっと疲れたと感じるときに行い、自分の健康管理に役立てることができます。

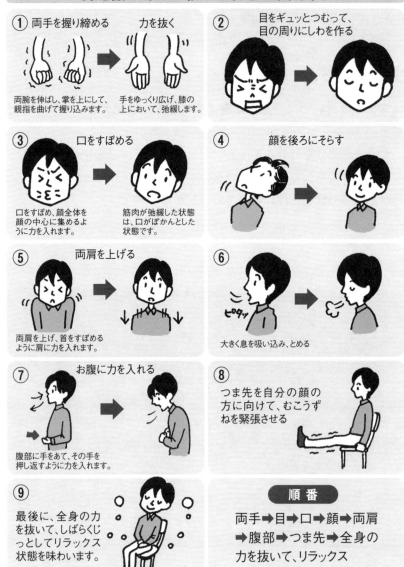

Step 2-3

イメージ・トレーニング法

イメージ・トレーニング法とは

　人前で話をするとか、成果を大勢の仲間たちに見せなければいけないときに、「失敗をしたらどうしよう」などと心配し、悪い方にイメージをしてしまうと、本当に失敗してしまうということがあります。

　逆に「大丈夫、自分は落ち着いているし、うまくいく！」とイメージすると、実際にもうまくいくことがあります。**イメージ**するという行為は、私たちの行動において**大きな役割**を果たしています。

　友だちの行動を見て、「自分だったらこうする」と思うことがよくありませんか？　自分が実際にその状況下に置かれた場合のことを想像しながら、「ここではこうする」とか「あそこで友だちは失敗したから、自分はこんな風にする」などと考えながら、成功をイメージしたりしませんか？

　私たちは日常生活の中で、よくこうしたイメージを使っています。今あげたいくつかの例のように、イメージは良くも悪くも、私たちの心身に影響するのです。

　このイメージをうまく利用して、心身の緊張をほぐし、リラックス状態へ促すのがイメージ・トレーニング法です。

イメージ・トレーニング法の効用

　イメージ・トレーニング法は、上手に利用すれば集中力を高め、スポーツ練習や勉強の効率を高めることができるといわれています。

　ストレスを解消したり、自分の心の健康状態を良く保つためにも使

われます。自分の弱点を克服したり、性格改善や人間関係改善などの方法としても使われます。
　ここでは**リラクゼーション法**としてのイメージ・トレーニングに絞ってみていきたいと思います。

イメージ・トレーニング法の実施手順

①準備

　静かでゆったりとできる場所で、まわりを少し暗くして行います。メガネ、時計などを外し、ベルトをゆるめて、ゆったりとリラックスした姿勢がとれるようにします。
　背もたれのあるイスにゆったり座るのが一般的なやり方ですが、横になって行うこともあります。

②実施手順

　静かに目を閉じて、鼻から息を大きく吸って、ゆっくりと吐き出し、呼吸を整えます。
　「気持ちが落ち着いてきている」と、心の中で繰り返します。
　気持ちが落ち着き、身体も心もリラックスしてきたところで、明るく気持ちのいい場所・状況をイメージします。
　海、山、草原など自然の風景でも、自分の部屋やお気に入りの場所でも、温泉に入っている、好きな人と一緒にいる、ペットと戯れているところでも構いません。自分が「気持ちいい」と感じられるものにします。
　さらに、色や辺りの様子、音、におい、肌触り、温かさや冷たさなどをできるだけ具体的に思い描いてください。
　その情景の中で心身ともにリラックスしている自分を想像します。

『私は今とても好きな場所で、安全にそしてとても楽しいひと時を過ごしています』

このように、今置かれている状況に意識を集中させ、楽しんでください。

> **例1**
>
> 春の穏やかな1日、海岸を暖かい日差しを身に受けながら、
> ゆっくりと散歩します。
> 潮のにおいを含んだ風は少し冷たく、
> 寄せては引く波の音とともに、心地よく感じられます。

> **例2**
>
> 「安心・安全・くつろぎ・幸せ・楽しい」などの言葉から、
> イメージする色、におい、肌触り、音などを思い浮かべ、
> それを身体で感じます。

1分ほどしたら、ぐーっと背伸びをして、ゆっくり身体を伸ばします。そして目を開けます。

実施にあたっての注意点

ヒーリング効果の高い音楽やゆったりとしたテンポで落ち着ける音楽、自分が落ち着ける好きな音楽を流しながら行うとよいでしょう。

年齢が低い子どもなど、頭の中で具体的なイメージが上手くできていないと思われる場合は、まわりの大人が手助けしてあげることも必要です。

写真や映像を見ながらイメージをつくりあげたり、どんな状況が「気持ちいい」のか、言葉に出してみたり、思い浮かべる情景を一緒に探します。

イメージ・トレーニングは、**1日2回**、朝起きたときと夜寝る直前ぐらいに行うと効果的です。勉強の休憩時間中や気分転換をしたいときに行うのもおすすめです。

Step 2-4

ストレッチ体操

ストレッチ体操とは

　毎日のようにクラブ活動で身体を動かしている人でも、普段あまり動かさない筋肉というものがあるはずです。そんな部位の筋肉を伸ばすとなんともすっきりした気分になれます。

ストレッチ体操の効果

　ストレッチには、**健康な身体作り**という側面と、**精神的ストレス解消**の側面があります。

　ストレッチにより、適度な刺激を受けて新陳代謝が活発になり、筋肉に弾力性がつけば、筋肉の質が高まります。身体の柔軟性や関節の運動の可動範囲が高まれば、日常生活における身体への負担が少なくなります。また、ケガをする危険性をも低くします。

　気持ち良く筋肉を伸ばすと、終わったあとに「すっきりした」という爽快感が残りますので、精神的なストレス解消にも効果的です。

　2人1組で行うストレッチは友だちとのいい**コミュニケーション**にもなります。

ストレッチ体操の実施手順

①準備

　いつでもどんなところでも行えるのがストレッチ体操のよいところ

です。安全面には十分に注意が必要です。普段運動をしている子どもでも、注意深く指導します。

　横になってする体操を行うときには、バスタオルやクッションを使うといいでしょう。また寒い時期に行うときには、身体を動かし、温めてから行うことも大切です。身体が冷え切ったままではかえって筋肉を痛め、重大なケガのもととなります。また、体操は動きやすい服装で行います。気軽に行えるストレッチ体操ですが、決して遊びのつもりで、ふざけて行わないでください。面白半分で行って**身体を痛めてしまう**こともあります。

　ストレッチ体操のポイント

①**強いはずみ（反動）はつけないで、ゆるやかに伸ばすこと**：反動をつけるとかえって筋肉を痛め、ケガのもとになります。特に子どもには十分に注意してください。
②**「気持ちいい」でやめる**：「痛いけど我慢」は絶対に禁物です。
③**息を吐きながら伸ばす**：呼吸を止めないように気をつけます。1回で伸ばしきるのではなく、まず息を吸って吐きながら伸ばし、そのままもう一度息を吸って、吐きながらさらに伸ばすと、より効果的です。

　筋肉を伸ばすときは、15〜30秒程度かけて伸ばすといいでしょう。

　また、ストレッチをするときは、弛緩させる部位を意識することが大切です。息を吸うときも、吐くときも、できればその部位を見ながら行うと効果的です。

②実施手順

　P178からのイラストにそって実施してみましょう。

実施にあたっての注意点

　必ずこの順番で行わなければならないというわけではありません。時間やスペース、自分のコンディションや必要に応じて行うといいでしょう。ただし、ストレッチ体操の効果を最大に引き出すには、**毎日行う**こと、身体の一部だけではなくできるだけ**全身を伸ばす**ことが大切です。

　子どもの場合には楽しみながらできるように、音楽をかけるなどして工夫するといいでしょう。ただし、口で説明しただけでは正しい動きができずに、体や筋肉を痛めてしまう心配もありますので、実施するときには注意が必要です。

首のストレッチ

各部分のストレッチは、どこを伸ばそうとしているのかを意識しながら、5〜30秒、4〜5セットくり返します。

①

顔をゆっくり上に向けて、あごから胸にかけての筋を伸ばす。

②

次にゆっくりと下を向き、首の後ろから背中への筋を伸ばす。

③

さらに、首を左右にゆっくりと倒し、耳から肩までの筋を伸ばす。
＊このとき首を倒す反対側の肩が上がらないように注意する。

④

あごを大きくゆったりと回す。一呼吸で一回りさせ、逆方向にも回す。
＊下や左右に曲げるとき、手を使って頭を抱えるようにして行ってもよい。

肩から腕にかけてのストレッチ

①

両手を頭の後ろに回し、右手のひじを左手でゆっくり引っぱり、腕の筋を伸ばす。次は左ひじを右手で引っぱる。
＊姿勢はまっすぐ、腰がそらないように注意する。

②

腕の力を抜き、肩をゆっくり大きく前回し、後ろ回しする。

③

両腕を組んで伸び上がり、伸びきったら力を抜いてダラリと腕をたらす。

④

床に四つん這いになり、腰を高くしたまま両手を前に出し、肩を床につける。腕、肩、胸、背中の筋を伸ばす。

体側のストレッチ

① 両足を肩幅に開き、手を組んで上に伸び上がり、そのまま右に倒れる。このとき重心は左足、腰は左に押し出す感じで、身体の横の筋を伸ばす。逆も同じようにする。

③ 両足を肩幅に開き、腰に手を当てて、上半身を左右にねじり、体の脇を伸ばす。

② 少し広めに足を開き、手は真横に広げる。

そのまま前屈しながら、左手で右足首をつかむようにして、体の脇の筋を伸ばす。右手は真上にあげる。逆も同じようにする。

背中から腰のストレッチ

①

仰向けに寝そべり、手は軽く横に広げる。右ひざを立てて左側に倒し、背中から腰の筋を伸ばす。顔は右に向けること。逆も同じようにする。

②

ひざを抱えて丸くなり、ひざと額を近づけるようにして、背中の筋を伸ばす。

③

四つん這いになり、頭を中に入れるようにして腰を上に持ち上げ、背中の筋を伸ばす。

このとき、ひざが浮かないように気を付ける。

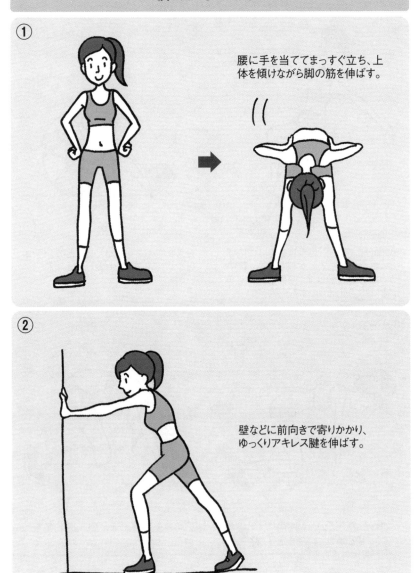

脚のストレッチ

③

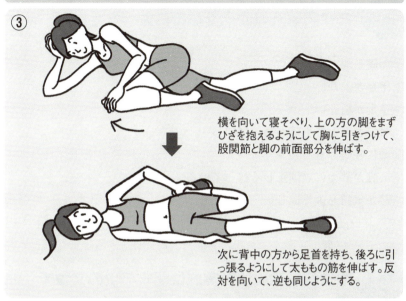

横を向いて寝そべり、上の方の脚をまずひざを抱えるようにして胸に引きつけて、股関節と脚の前面部分を伸ばす。

次に背中の方から足首を持ち、後ろに引っ張るようにして太ももの筋を伸ばす。反対を向いて、逆も同じようにする。

④

前に足を出して座り、一方の足首を持ち、かかとを引きつけるようにして太ももの裏側を伸ばす。逆も同じようにする。

各部分のストレッチが終わったら、最後に、伸ばした筋肉を軽く叩いてほぐします。無理は絶対に禁物です。

ストレッチをやりすぎて体に負担がかかったのでは意味がありません。少しずつ、気持ち良くなるように行ってください。

Step2 さまざまなリラクゼーション法
理解度チェック

問題1 自律訓練法の公式を順番に並べなさい。

①お腹が温かい
②手足が温かい
③手足が重たい
④気持ちがとても落ち着いている
⑤楽に呼吸できる
⑥心臓が静かに規則正しく打っている
⑦額が気持ちよく涼しい

[　　] → [　　] → [　　] → [　　] → [　　] → [　　] → [　　]

問題2 漸進的筋弛緩法の実施に関する次の文章で、間違っているものを1つ選びなさい。

①できるだけリラックスできる場所で行う。
②簡易版では、30秒程度の筋肉の緊張と、5秒程度のリラックスを繰り返す。
③緊張と弛緩は、3回程度繰り返す。
④筋肉が震えるほどの力は加えない。
⑤緊張を感じている部分だけ行っても効果はある。

問題3 次の文章で適切なものには○を、間違っているものには×をつけなさい。

①悪い方にイメージすることで、本当に失敗してしまうことがある。
　[　　]

②イメージ・トレーニング法は、集中力を高める効果もある。[　]
③イメージ・トレーニング法は、室内をできるだけ明るくして行う。[　]
④イメージ・トレーニング法では、においや肌触りなどもイメージする。[　]
⑤イメージ・トレーニングは、頭の中でイメージすることが重要なので、写真や映像は用いない。[　]

問題4 ストレッチ体操に関する次の文章のうち、最も適切なものを1つ選びなさい。

①反動をつけて伸ばす。
②痛くてもある程度は我慢する。
③必ず1人で行う。
④順番や方法など、決まったものがあるわけではない。
⑤やればやるほど効果がある。

さまざまなリラクゼーション法
理解度チェック 解答と解説

Step2 Check Answer

問題1

④→③→②→⑥→⑤→①→⑦

7段階の公式を、心の中でイメージしながら、繰り返し唱えます。

問題2

② 簡易版では、5秒程度の筋肉の緊張と、30秒程度のリラックスを繰り返します。

問題3

① ○ イメージは、良くも悪くも、私たちの心身に影響します。
② ○ ストレス解消、人間関係改善などの方法としても有効です。
③ × 室内は少し暗くして行います。
④ ○ イメージして、身体で感じます。
⑤ × 具体的なイメージがうまくできない場合など、写真や映像で補います。

問題4

① × 反動はつけないで、ゆるやかに伸ばします。反動をつけると、かえって筋肉を痛めることがあります。
② × 「痛いけど我慢」は禁物です。「気持ちいい」でやめます。
③ × 2人1組で行うストレッチは、コミュニケーション効果も期待できます。
④ ○ 時間やスペース、自分のコンディションに応じて実施します。
⑤ × やりすぎは身体に負担がかかり、逆効果となることがあります。

Part5

子どもの発達課題と親・家族・家庭の役割

Step 1

青少年期に特徴的な発達課題

　乳児期に他者への基本的信頼を獲得してから、青年期に自我同一性を確立するまで、大人になるまでに克服しなければならない重要な発達課題があります。親や家族も成長することが求められます。

発達するということ

「発達とは、未熟な者がより成熟した状態になること」であるとすれば、人の心は生まれてから死ぬまで、一生発達していく可能性があります。いくつになっても、「より成熟したもの」を目指すことができるのです。これが「**生涯発達**」という観点です。

他者とのかかわりの中での発達

　人の発達にかかわるのは個人の要素だけではありません。人間の身体的な発達（**生理的側面**）と、その人を取り囲む家族や社会、文化といった**環境的側面**もかかわっています。
　子どもがまわりからどんな刺激を受け、養育者がどんな態度でかかわるかによって、その成長の仕方が変わっていきます。
　同時に、養育者や家族にも、育児という新たな課題にどう取り組むかということが問われます。たとえば、家庭に初めて子どもが生まれると、この子が成長していくのと同時に、父親、母親になるという親の側の成長も必要になりますし、家庭も「赤ちゃんを育てる機能を持った家庭」になることが課題として課せられるのです。こうして家族全員が年齢的に成長し、次々と発達していくと同時に、家族間の夫婦、

親子、きょうだいといった関係が次第に変化していきます。人の発達においては「**他者とどのようなかかわり方をしていくか**」という視点が欠かせません。

危機はチャンス

　人間が次の段階へと成長するのは、**社会心理的危機**を乗り越えたときです。「危機」は「危ない」「機会（チャンス）」と書きます。つまり危機は裏を返せばチャンスでもあるわけです。さまざまな困難にぶつかったとき、その問題にどう対処し、乗り越えていくかで、それを自分の成長の糧にしていけるかどうかが決まるのです。

　まわりの人、その人を支えようとする人間は、その人の発達課題を踏まえた上で、その人が危機を乗り越えていけるように、必要なかかわりをしていくことが求められます。

　身近な人間である私たち自身が、「魅力的に生き生きと生きる」こと、子どもたちが「自分も年を重ねたら、ああいう生き方をしたい」と思えるような生き方をすることも大切です。

子どもの発達と親の役割

「家庭」の問題の多くは、子どもに大きな影響を与えます。問題が子どもを中心として引き起こされている場合もあります。家庭とかかわり、ケアをしていこうとするとき、その家庭に子どもがいれば、子どもを無視することはできません。

　親（家庭）の機能・役割の視点から、子どもの発達課題とは何なのかをみていきましょう。

エリクソンによるライフサイクルと発達課題

ライフサイクル

　ライフサイクルとは、人生の周期のことで、「人間の一生にはいくつかの発達段階があり、それぞれの発達段階には特有の課題がある、それぞれの心の発達が次の段階に大きく影響する」と考えられています。そこには、身体の成長に順番があるように、**心の成長にも順番がある**という考え方があります。

エリクソンの発達課題

　エリクソンは、人格の発達を8つの段階にわけ、各段階で発達課題を達成できないと、さまざまな適応上の問題が生じるとしています。

発達段階	発達課題	発達課題の達成と失敗による問題
①乳児期	基本的信頼 対 不信	母親などから世話を受けるなかで愛情を感じ、周囲の世界に対する基本的信頼を獲得することが課題となるが、失敗すると周囲の世界への不信感が生じる
②幼児期前期	自律性 対 恥と疑惑	トイレットトレーニングなどで自律性を獲得することが課題となるが、失敗すると恥や疑惑の感情が植えつけられる
③幼児期後期	積極性 対 罪悪感	性器の感覚と歩行による活動範囲の拡大で、積極性の獲得が課題となるが、失敗すると両親への性的関心に対する罪悪感を無意識に持ってしまう
④学童期	勤勉性 対 劣等感	学校での活動を通して勤勉性の獲得が課題となるが、失敗すると劣等感を抱くようになる

⑤青年期	自我同一性 対 同一性の混乱	自我同一性の確立が課題となるが、失敗すると自分が何者かわからなくなってしまう
⑥成人期初期	親密性 対 孤立	友人や配偶者など、他者との親密性の獲得が課題となるが、失敗すると孤立してしまう
⑦成人期後期	生殖性 対 停滞感	自分の子どもや後輩・後継の育成など、次世代への生殖性の達成が課題となるが、失敗すると自己に停滞感を感じる
⑧老年期	自我の統合 対 絶望感	これまでの人生を振り返って受容する自我の統合が課題となるが、失敗すると絶望感を抱くことになる

乳幼児期の発達課題と養育者の態度

　親（養育者）の役割は、乳児の要求に対して、**適切に、いつでも同じように**応対することです。子どもが泣いているときに、親の気分によって抱っこしてあやしたり、ほったらかしにしたり、一生懸命世話をしたと思ったら、無関心だったりでは、子どもに安心感を与えることはできません。親の態度によっては、子どもの心身の発達に支障が出てくる場合もあります。育児ノイローゼや乳幼児虐待などのサインが出ていないか、まわりの人々も注意する必要があります。

幼児期前期の発達課題と養育者の態度

　親（養育者）の態度で気をつけなければならないことは、上手にできないからといって、いつまでも子どもにやらせなかったり、叱りすぎないことです。しつけにはバランスが必要です。子どものチャレンジ精神を尊重して、**自立の心を育てること**が大切です。

幼児期後期の発達課題と養育者の態度

　親（養育者）の対応ですが、もちろん常識的に考えて危険すぎることなどは、やめさせなくてはならないでしょう。しかし親やまわりが、怒りすぎたり、何でも禁止したり、罰するような対応をしていると、罪悪感の強い人となってしまう危険性があります。なぜ子どもがそのようなことをしたのか、その背景にある動機や好奇心を大切にし、子どもの**自主性を伸ばしてあげる**ように心がけることが大切です。

学童期の発達課題と養育者の態度

　ここでの親の役割は、子どもに劣等感を持たせないこと、「できたかできないか」の結果ではなく、**「がんばったこと」を認めること**です。また、できるだけ励まし、その子の良い面を伸ばしてあげることです。達成感の方が強く残れば、劣等感はあまり大きな問題にならないでしょう。国語の成績が悪くても、読むことが楽しければ、子ども本人は本を読み続けるでしょう。一番大切なことは本人の能力ではなく、その能力をまわりや本人がどう捉え、どう生かしていこうとするかです。

青年期の発達課題と養育者の態度

　ここでの親の役割は、あれこれ口を出しすぎて、子どもの自我同一性の確立を妨げないようにすること、子どもが自信を失いそうになったときに、自尊感情を持たせるようにすることです。
　反抗期真っ只中の子どもは、特に感情的になっていて、冷静に親の言うことを考えたり受け入れたりできません。そこで親も感情的になってしまっては、事態は混乱するばかりです。これは子どもが大人になるための最後の試練なのだと捉え、感情に引きずられず、冷静に受

け止めるようにします。そして子どもが落ち着いてから、問題に冷静に対処する方法を一緒に考えることです。子どもには子どもなりのプライドやメンツがあります。それを傷つけたりせずに、**子どもの人格を尊重する姿勢**を持つことが大切です。

自我の形成と反抗期

役割取得と自我の形成

　アメリカの哲学者、社会学者であるミードは、人間の自我は、他者とのかかわりの中から生じるものであるとしました。
　私たちは、他者から、どのような役割を果たすことを期待されているのかを認識し、その期待に応えるように振る舞おうとします。自分に期待されている役割がどのようなものであるかを認知することを、**役割認知**といいます。たとえば、子どもは、家族の中で多様な役割遂行を試み、それに対する親の反応、行動、態度などから、取捨選択をし、役割認知を行っていきます。
　このような役割を遂行してほしいと他者が望むことを、**役割期待**といいます。役割期待を認識して、自らに取り込むことを、**役割取得**といいます。役割取得とは、他者や集団の観点から自分自身を見て、自らの行為のあり方を形成していく過程です。役割取得を通じて、自我が形成され、発展していきます。
　しかし、他者からの役割期待は多様であり、複数の他者からの異なる期待を同時に受け入れることは困難な場合もあります。そこで、他者からの期待を一般化する必要が生じます。これを、**一般化された他者の期待**といいます。役割期待を一般化することで、より社会性を持った自我の形成が可能となります。
　アメリカの社会学者であるターナーによると、人間は、複数の他者からの役割期待を、主観的に取捨選択し、自分なりに解釈して取り込んでいるといいます。結果として、その役割は、他者からの役割期待を超えたり、再構成されたものとなります。この過程を、**役割形成**と

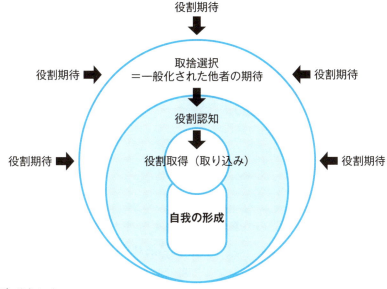

呼びました。

自己概念の形成

　自分自身について、持続的に持っているイメージを、**自己概念**と呼びます。自己概念の形成には、他者からの評価が重要な役割を果たしていると考えられています。

　クーリーは、「**鏡に映った自我**」という表現で説明しています。自分に対する他者の反応や評価、それに基づいてとられる他者の言動、振る舞いが鏡の役割を果たし、自分自身を知ることができると考えます。やがて、他者からの評価を先取りして想像するようになり、自我が形成されていくと捉えます。

　ミードは、自我のなかで **I と me が行う対話**に着目し、その過程で社会性を有する動的な自我が成立してくると考えました。I とは、行

為する私であり、**主我**ともいいます。meとは、他者の反応や評価を自分のなかに取り込んだ状態で、**客我**ともいいます。集団や社会から期待される規範や役割を一般化し、一般化された他者の反応や評価を自分のなかに取り込んでいくことで、自我が発達していくと捉えます。

フェスティンガーは、**社会的比較過程理論**を提唱しました。人は、自分の意見や能力を正しく評価しようとする動因があり、客観的な基準がない場合、他者と比較することによって評価すると考えます。一般に、自分と類似した他者と比較して評価を行うとされています。

自己意識とは

私たちは、自分以外の外部の対象に注意を向けるのと同様に、自分自身にも注意を向けています。自分自身に注意を向けるというのは、自分の容姿、感情、思考、行動など、自分の心と身体の状態に注意を向けることをいいます。この状態を、**自己意識**と呼びます。

自己意識には、**私的自己意識**と**公的自己意識**の2つの状態にわけることができます。

私的自己意識	記憶、考え、痛み、味覚など、経験している本人のみが直接、意識できるもの
公的自己意識	他者から観察することができる自分の側面への意識容姿、言動など、公的な場での自分の振る舞いについての意識

公的自己意識の状態では、他者にどのように見られているのかを意識し、どのように評価されているのかを気にします。

公的自己意識の状態は、他者から注目されていると感じたときに喚起されます。たとえば、他者から話しかけられたときなどです。また、周囲の注目の的となるような状況に陥ったときにも、公的自己意識の

状態が喚起されます。

公的自己を意識し、他者からの評価が気になると、他者に対して特定の印象、多くの場合は、**良い印象を与えたいという動機づけ**が強くなります。

その結果、対人不安を引き起こす可能性も高くなります。

注目の的となるような状況をうまく切り抜けることができず、さらに不安が高まり、自分の描くイメージとはかけ離れた印象を与えてしまうことも起こり得ます。

自己概念の修正

デュバルとウィックランドは、**客体的自覚理論**を提唱しました。

他者の存在は、自分の容姿や言動、公的な場での自分の振る舞いなどに注意を向けさせます。いわゆる公的自己意識の状態です。公的自己意識の状態では、自分自身の振る舞いが適切かどうかをチェックしています。その結果、現在の自分の姿は、理想とする「**あるべき自分**」の姿とは、隔たりがあることに気づいてしまいます。それは、自己評価を低下させ、不快な感情をもたらします。人は、この不快な感情を軽減・解消するために、ズレを克服して、**理想に近づけよう**と動機づけられると考えます。

反抗期

【第一反抗期】

2～3歳になると、親の言うことに対して何でも「嫌」と言って、逆らう時期があります。これを反抗期と呼びますが、**自我の意識が確立し始めたこと**の現れです。今までは母親の加護のもとに、母親と一体

化されていたところから、実は自分は「母親とは異なった存在」であることを自覚し、自己主張を始めます。つまり、反抗期とは母親からの分離、個別化の過程なのです。

【第二反抗期】
　青年期には、自我の発達にともなって**自分の存在を強く主張する**、第二反抗期を迎えます。自意識が発達することにより、自分が思っていたほど理想的ではない自分であることに気づいたり、「やりたいことのすべてをやることはできない」という全能感の否定も起き、思うようにならない自分への苛立ちが募っていきます。また、性的に成熟する、情緒が最も不安定な時期であり、さらに友人関係や学校の成績などの要因も重なり、反抗期という形で自己主張がされるのです。ここを乗り越えてこそ、1人の人格として成長を遂げるのです。

逸脱

　期待される役割から大きく外れた行為は社会規範を乱します。これを、**逸脱行為**といいます。日常生活や社会関係の中で、期待される役割遂行に忙しければ、逸脱する可能性は少ないといえます。

親の養育態度と子どもの性格

愛着

　ボウルビィは、子どもと養育者の間に形成される情緒的絆を**愛着**と呼びました。愛着の形成には、生理的欲求の充足よりも、**接触による満足**が重要な役割を果たしていると主張しました。

第1段階	出生〜生後12週	誰から働きかけられても興味や喜びを示す
第2段階	生後12週〜6か月	日常生活でよりかかわりあいのある特定人物（主に母親）に対して、喜びや興味を示す
第3段階	生後6か月〜2歳	特定の人物（主に母親）に対する愛着が明確に形成される 一方で、見知らぬ人に対する恐怖や警戒、いわゆる人見知りがみられる
第4段階	3歳〜	愛着対象の気持ちや行動を洞察できるようになる 必ずしも身体的接触がなくても安心していられる

愛着の4タイプ

　エインズワースは、愛着の個人差に着目し、**ストレンジ・シチュエーション法**という実験方法を開発し、母親との分離、再会の様子から、愛着を4タイプに分類しました。

Aタイプ	回避型	母親がいる・いないにかかわらず、探索や遊びを行う 母親がいなくなってもあまり泣かず、再会してもそれほどうれしそうにしない 母親が接近しようとすると、逆に回避する
Bタイプ	安定型	初めての場所でも、母親を安全基地として、活発に探索や遊びを行う 母親がいなくなると泣いたりぐずったりして母親を求め、再会するとうれしそうにして、探索や遊びを再開する
Cタイプ	抵抗型	母親に対してアンビバレントな行動を示す 母親がいなくなると不安を示し、母親と再会すると接触を求めるが、機嫌はなかなかおさらず、母親をたたいたりする
Dタイプ	無秩序型	行動の一貫性がほとんどない

愛着の形成にかかわる要因

　愛着の形成は、**母親の対応**と**子ども自身の気質**などによって左右されると考えられています。

　母親が子どもの生理的欲求に適切に対応したり、子どもからの働きかけに一貫して肯定的に応答すれば、安定した愛着の形成が促されます。逆に、子どもが求めているときに対応しなかったり、働きかけに対して、かみあわない応答をしていると、子どもは母親の行動を予測できず、安定した愛着の形成は困難になります。

　子どもの気質として、生理的リズムが不安定であったり、環境の変化への適応が悪いと、母親が適切に対応しても、子どもの機嫌は悪いままになっています。その結果、母親は対応に困ってしまい、安定した愛着の形成が困難になることも考えられます。

親の養育態度による分類

　アメリカの心理学者サイモンズは、親の養育態度と子どもの性格との関係を研究し、子どもへの対応の仕方が拒否的か保護的か、子どもに対して支配的か服従的かを軸に、次のような分類をしました。

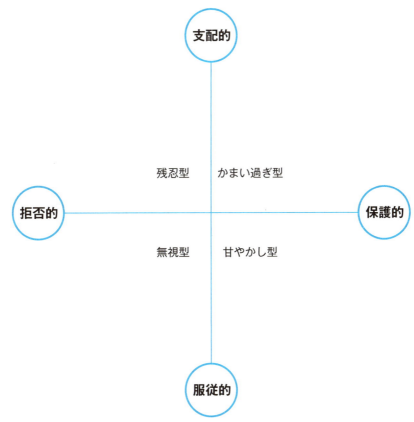

「支配的 or 服従的」分類図

残忍型	親が子どもを「あんたはダメな子だ！」と拒否的に扱い、かつ支配的な場合	子どもはおどおどした態度で不安が強く、逃避的になりがちで、神経質なタイプが多くなる 不登校、引きこもりに陥りやすい
無視型	子どもに対して拒否的でほったらかしにしているような場合	子どもは攻撃的になる
かまいすぎ型	親が過保護で、さらにあれこれ口うるさく支配的に振る舞う場合	子どもは幼稚っぽく、依存的になる 大きくなってもなかなか自立できない子どもも多い
甘やかし型	親が過保護で、子どもに対して服従してしまう場合	独立的、反抗的な子どもである場合が多い

　親が拒否的な場合には、**虐待**などの問題が起きやすい家庭であるともいえます。

　親の養育態度が過保護である家庭では、**家庭内暴力問題**などが引き起こされやすくなります。

　親の養育態度と子どもの性格の関係は、「こう育てるとこうなる」という単純な因果関係ではありません。たとえば、子どもがおどおどしていて神経質だと、親もイライラして口出ししたくなるでしょうし、子どもが依存的だと、さらに親が過保護になったりします。つまり、子どもの性格によって親の養育態度が決まる面もあるので、**親と子の相互作用**として考える必要があります。どちらにしても、親の養育態度が子どもの性格に大きな影響を与えているということには違いがありません。

アイデンティティとモラトリアム

アイデンティティとは

　エリクソンが提唱した概念で、**自我同一性**と訳されます。自分が自分であることの意識であり、他者からも、社会からも認められていることです。

主観的実存的意識	自分であることの独自性、過去からの連続性
社会的受容感	自分と他者（社会）とのつながり、自分が他者（社会）から承認されている

　「自分は他の誰とも違う唯一無二の存在であり、過去、現在、未来の自分は連続した同一の存在であり、自分という存在は、他者（社会）から確固たる承認を得ている」という感覚です。**正真正銘の自分**であるという感覚ともいえるでしょう。

アイデンティティの確立

　エリクソンは、青年期の課題に、**アイデンティティの確立**を挙げています。

　青年期は、性的にも成熟し、社会的な役割や期待が大きく変化する時期です。親からも独立し、職業選択やこれからの自分の人生について、どのように生きていくかを見定める時期です。これまでの自分との連続性や類似性を感じにくくなり、「本当の自分とは何か」「自分は社会からどのようにみられているのか」「自分がやりたいことは、社会から期待されていることなのか」といった問いが生じ、答えを模索し

ます。いわゆる「**自分さがし**」の作業を行うことで、新たな自我アイデンティティが統合され、自分なりの価値観や目標、人生観などが確立していくと考えられています。

モラトリアム

　もともとは経済用語で、「支払猶予期間」のことをいいます。青年期の一時期、成人としての義務や責任を負うことを猶予されている期間を、**心理社会的モラトリアム**といいます。
　モラトリアムを利用して、アイデンティティ確立のための自分さがし作業が行われます。
　たとえば、学生という立場で、学業・研究、クラブ・サークル、遊び、アルバイトなど、さまざまな活動を自由に行うなかで、いろいろな役割を経験し、自分を見つめ、自分のやりたいことを見つけ、これからの人生を選択していきます。
　なかには、モラトリアムをいつまでも先延ばしにして、成人としての社会的役割、義務や責任を回避している人々がみられます。精神科医で精神分析学者の小此木啓吾は、こうした人々を、**モラトリアム人間**と名づけ、現代社会の社会的性格の1つであるとしました。

アイデンティティ・ステイタス

　マーシャは、アイデンティティの確立の程度を、職業・政治・宗教の3領域における**危機の有無**、**傾倒の有無**の組み合わせで、4つに分類しました。危機とは、迷ったり、考えたり、選択したりする状態をいいます。傾倒とは、自分の考えを明確に持って、それに基づいて行動することをいいます。

ステイタス	危機	傾倒	状態
アイデンティティ達成	経験あり	あり	過去に模索した経験を経て、自分なりの考え方や人生観を持って、自己の主体性、自立性を確立した状態
早期完了アイデンティティ	経験なし	あり	過去に模索した経験もなく、自分の生き方にとまどうことなく、両親や権威の期待と目標などをそのまま受け入れ専念している状態
アイデンティティ拡散	あり／なし	なし	過去の模索経験にもかかわらず、傾倒すべき対象を持たず、自分の生き方がわからない状態
モラトリアム	経験中	漠然	迷いながらも、自分が傾倒すべき対象を見つけ出そうと努力している状態

　自己評価や対人関係においては、**アイデンティティ達成**が最も望ましく、また、**アイデンティティ拡散**が最も問題であるとされています。
　ただし、青年期に獲得されたアイデンティティ・ステイタスは、生涯にわたって固定的なものではなく、変動することもあります。

アイデンティティ拡散

　モラトリアムを利用して、実験的同一化を統合していく社会的遊びが阻害されて、**社会的な自己定義を確立できない状態**です。次のような状態がみられるといいます。

アイデンティティ意識の過剰	自意識が過剰になる
選択の回避・麻痺	モラトリアムを利用できず、社会的遊びによる役割実験ができず、選択・決定に葛藤が生じ、どんな決定的な選択も回避する麻痺状態に陥る

対人的距離の失調	対人的な距離のとり方のバランスが崩れ、相手にのみ込まれてしまったり、逆に、孤立したり引きこもりに陥ったりしてしまう
時間的展望の拡散	切迫感と時間意識が喪失する
勤勉さの拡散	職業的アイデンティティ獲得も回避され、注意集中できない、逆に1つの活動に破滅的に没入する、などの状態に陥る
否定的アイデンティティの選択	提供される役割やアイデンティティに対する軽蔑、憎しみ、嫌悪が起こり、これらと反対の否定的なものに対して過大評価が生じる

Step 1 青少年期に特徴的な発達課題
理解度チェック

問題1 エリクソンによる発達段階と発達課題を正しく組み合わせなさい。

① 乳児期　　　・　　　・A 親密性対孤立
② 幼児期後期　・　　　・B 自我同一性対同一性の混乱
③ 学童期　　　・　　　・C 勤勉性対劣等感
④ 青年期　　　・　　　・D 基本的信頼対不信
⑤ 成人期初期　・　　　・E 積極性対罪悪感

問題2 次の文章中の［　　］内で正しいものを選びなさい。

① 自分に期待されている役割がどのようなものであるかを認知することを、［ ア 役割期待　イ 役割認知 ］という。
② 自我の形成について、「鏡に映った自我」という表現をしたのは、［ ア クーリー　イ ミード ］である。
③ 他者から注目されていると感じたときに喚起される自己意識は、［ ア 私的自己意識　イ 公的自己意識 ］である。
④ デュバルとウィックランドは、［ ア 主体的自覚理論　イ 客体的自覚理論 ］を提唱した。
⑤ ［ ア 第一反抗期　イ 第二反抗期 ］では、自我の発達にともなって自分の存在を強く主張する。

問題3 次の文章で適切なものには○を、間違っているものには×をつけなさい。

① ボウルビィは、愛着の形成には、生理的欲求の充足が重要な役割を

果たしていると主張した。[　]
② エインズワースによると、抵抗型のタイプは、母親に対して、アンビバレントな行動を示す。[　]
③ 愛着の形成は、母親の対応によってのみ左右される。[　]
④ サイモンズによると、甘やかし型の親であると、子どもは幼稚っぽく、依存的になる。[　]
⑤ 親の養育態度が、子どもの性格に大きな影響を与えている。[　]

問題4　マーシャによるアイデンティティ・ステイタスに関する次の文章で、最も適切なものを1つ選びなさい。

① 過去の模索経験にもかかわらず、傾倒すべき対象を持たず、自分の生き方がわからない状態を、モラトリアムという。
② 過去に模索した経験を経て、自分なりの考え方や人生観を持って、自己の主体性を確立した状態を、早期完了アイデンティティという。
③ 迷いながらも、自分が傾倒すべき対象を見つけ出そうと努力している状態を、アイデンティティ達成という。
④ 自己評価や対人関係においては、アイデンティティ拡散は問題となる。
⑤ 青年期に獲得したアイデンティティ・ステイタスは、生涯にわたって固定的なものである。

Step1 Check Answer

青少年期に特徴的な発達課題
理解度チェック 解答と解説

問題1

① — D　養育者から世話を受ける中で愛情を感じ、周囲の世界に対する基本的信頼を獲得することが課題となります。

② — E　性器の感覚と歩行による活動範囲の拡大で、積極性の獲得が課題となります。

③ — C　学校での活動を通して、勤勉性の獲得が課題となります。

④ — B　「自分さがし」をして、自我同一性を獲得することが課題となります。

⑤ — A　友人や配偶者など、他者との親密性の獲得が課題となります。

問題2

① イ　役割期待とは、このような役割を遂行してほしいと他者が望むことをいいます。

② ア　自分に対する他者の反応や評価、言動、振る舞いが、鏡の役割を果たし、自分自身を知り、やがて、自我が形成されていくと捉えています。

③ イ　他者にどのようみみられているかを意識し、どのように評価されているのかを気にしている状態です。

④ イ　他者の存在が、自己概念を修正させるという主張です。

⑤ イ　2～3歳頃に現れる第一反抗期は、自我の意識が確立し始めたことの現れです。

問題3

① ×　ボウルビィは、愛着の形成には、生理的欲求の充足よりも、接触による満足が重要な役割を果たしていると主張しました。

② ○　抵抗型のタイプは、母親がいなくなると不安を示し、再会すると接触を求めますが、機嫌はなかなかなおらず、母親をたたい

たりします。
③ × 子ども自身の気質などによっても左右されると考えられます。
④ × 親が過保護で、子どもに服従してしまう甘やかし型では、子どもは、独立的、反抗的である場合が多いです。
⑤ ○ 単純な因果関係ではありませんが、親と子が相互作用して、子どもの性格形成に大きな影響を与えているといえます。

問題4

① × アイデンティティ拡散といいます。
② × アイデンティティ達成といいます。
③ × モラトリアムといいます。
④ ○ アイデンティティ拡散は、社会的な自己定義を確立できない状態で、自己評価や対人関係において問題となります。
⑤ × 生涯にわたって固定的なものではなく、変動することもあります。

Step 2

子どもと家庭を取り巻く問題の早期発見のためにできること

　家庭という密室の中で起こる問題は、表面化しにくいですが、早期発見・早期対応によって問題解決の可能性は高まります。専門機関や第三者が、早期に適切な支援の手をさしのべることが必要です。

本来の家庭の役割

　本来、家庭とは子どもが、自立した一人前の人間となるまでの期間、**安心してその中で成長していく場**です。子ども同様、**大人の精神的安定**を得るためにも大切な役割を果たす場です。複雑化、多様化した現代社会は、ストレスにあふれています。そこで疲れた大人が家庭に帰り、温かい愛情と信頼で結ばれた人間関係の中でストレスから解放され、英気を養う、そのような役割を持っていると考えられています。

　しかし、その役割を十分に果たしていない家庭も多くあります。子どもたちも大人たちも、安心して心豊かに暮らすため、もう一度家庭の問題を見直し、取り組みを考えていかなければなりません。

家族・家庭の支援にあたって

　人間には、誰もが幸せになる権利があり、それがいつでも保障される社会でなければなりません。人を取り巻く一番身近な環境である家庭が、子どもにとっても大人にとっても、その人の幸せの基となることが望まれています。人と接するとき、あるいは問題を抱えた家族とかかわろうとするとき、「**この人にとって、家庭が安らぎとなるために、自分ができることは何であるか**」を考えていくことが大切です。

子どもと家庭を取り巻く問題に対する相談援助機関

①**児童相談所**：児童を対象として、あらゆることがらについての相談に応じます。必要な調査、判定を行い、児童福祉施設への入所や、里親委託、児童またはその保護者への相談援助活動を行っています。

②**少年補導センター**：少年の非行防止、保護、健全育成を目的として設置され、少年相談、補導、街頭補導活動などを行っています。

③**福祉事務所**：社会福祉全般の窓口で、各都道府県に設置されています。虐待の通報はここでも受けつけられています。またDVに関しては、母子生活支援施設などへの入所、医療費、住居費、生活資金の援助など、これからの新しい生活を始めるにあたっての相談窓口となります。公営住宅や生活保護、ひとり親家庭への児童扶養手当、貸付金などの支援制度もここです。

④**婦人相談所（婦人・女性相談センター）**：各都道府県に設置されており、電話や面接での相談ができます。

⑤**女性センター・婦人センター**：都道府県、市町村などが自主的に設置している女性のための総合施設です。「女性問題の解決、女性の地位向上、女性の社会参画」を目的とし、女性が抱える問題全般の情報提供、相談などを実施しています。

⑥**公営・民間シェルター**：各都道府県に婦人一時保護所があります。NPOや社会福祉法人、地域の女性団体などが運営しているものもあります。

⑦**法律扶助協会**：各都道府県にあり、収入の少ない人には裁判のための弁護士費用などを無利子、無担保で貸してくれます。無料の法律相談などもあります。

⑧**精神保健福祉センター**：心の健康相談から、精神医療にかかわる相談、社会復帰相談など精神保健福祉全般の相談に応じます。アルコール、薬物、思春期、などの特定のことがらに関する相談窓口を設けているところもあります。

出産・育児と親子関係

出産・育児で生じやすい心の問題

　出産は、実際に子どもを産む女性だけでなく、家族や家庭にとって、大きな環境の変化をもたらすできごとであり、不安定になりやすい時期であるといえます。

　パートナーである男性も、生活リズムの変化、パートナーとの関係の変化、父親としての責任感などで、精神的にも不安定になりやすいといえます。女性の**マタニティブルー**に対して、**パタニティブルー**などといわれるようになっています。

マタニティブルー		産後、一時的に精神が不安定な状態になることです。主な症状は涙もろさと抑うつです。倦怠感、気分の落ち込み、イライラ、不安、困惑、情緒不安定などの精神的な症状と共に、不眠、疲労、頭痛、食欲低下などの身体的な不調も見られます。通常は出産後、3、4日から症状が出始め、10日から2週間ぐらいで消えます
抑うつ状態や症状がひどく、長引くようであれば	産後うつ病	出産後、多くは2～3週間以降に発症するうつ病のことをいいます。特徴的なものとして「赤ちゃんの具合が悪い」「母乳の飲みが悪い」という子どもに関する訴えがよく聞かれます。「子どもに対して愛情がわかない」「自分は母親としての資格がない」「子どもの世話がきちんとできない」など、母親としての不安、焦燥感、自責感などを訴えます。重症例では「赤ちゃんが病気になっている」などという妄想に至ってしまうものもあります

育児ノイローゼ	育児のストレスからくるノイローゼ状態に陥ることです。主な症状には、食欲不振、体重減少、動悸や息切れ、尿が出なくなる、めまい、疲労感が取れないなどの身体症状や、外に出るのが怖い、恐怖感による睡眠不足、電車や車に乗れない、自分自身が怖くなるなどの心の症状があります

　いずれの場合も、心の病気が隠れていないか、**症状が長引く場合**は、専門医にかかる必要があります。

養育スキルが低い家庭への支援

　若年での出産や精神障害等で養育スキルが十分でない場合、養育スキルの低さが重篤な虐待リスクへとつながりやすくなります。子どもへの愛情はあるものの、接し方や愛し方がわからないといったケースも多く、それが子育てのつまづきの要因となることもあります。子育てに不安がある親に共感しながら、子育てに関する情報をきめ細かく提供し、**養育スキルを高める支援**が求められます。

　大切なことは、子どもをかわいいと思うことができ、子どもとの生活を楽しめるようになることです。そのために、子どもと離れる時間を作ったり、誰かに子どもを見てもらって、少し休養をとることも有効です。完璧な親を目指さないこと、肩の力を抜いて、ゆったりとした気持ちで子育てを楽しめるようになることが大切です。

ひとり親家庭

　ひとり親家庭等は、**児童の養育や健康面の不安、経済面の不安**など生活の中に多くの問題を抱えています。

ひとり親家庭になって間もない場合、生活環境が著しく変化する中、親自身が、直面する問題に１人で悩み、精神面で不安定な状況に陥っていることも多いです。ひとり親家庭が集い、お互いに悩みを打ち明けたり、相談し合ったり、情報交換する場を設けるような支援が求められます。

　ひとり親家庭の子どもは、親との死別・離別という事態に直面し、これまでの人間関係にも急激な変化が生じ、心のバランスを崩してしまいがちです。孤立化を防いで、**新しい人間関係を構築するための支援**が求められます。また、精神的に不安定な状況にある上、経済面で不安定なことも多く、学習や進学の意欲が低下したり、十分な教育が受けられず、将来に不利益を被りかねません。**学習支援**や**進学に関する相談支援**なども必要です。

児童虐待の発生予防

　妊娠・出産・育児期の家庭では、産前産後の心身の不調や妊娠・出産・子育てに関する悩みを抱え、周囲の支えを必要としている場合があります。誰にも相談できず、適切な支援が差しのべられないと、痛ましい児童虐待に至ってしまうこともあります。支援を必要とする家庭に対する相談体制の整備が図られています。

出産や育児に悩みを持つ保護者に対する相談窓口

相談機関	妊婦からの相談について
女性健康支援センター	身体的、精神的な悩みを有する女性に対する相談指導を行う

児童相談所	必要に応じ、医療機関、福祉事務所等、適切な機関にあっせんするとともに、出産後に想定される子どもの養育上の問題について、早期発見・早期対応及び一貫した指導・援助の実施に努める
保健所・保健センター（都道府県・市町村の母子保健相談窓口）	保健センターは、相談内容に応じて保健所や児童相談所、医療機関等と連携を図りながら、必要に応じて妊婦が子どもの出生後に養育支援を受けながら育てられるよう、支援する
福祉事務所	保健上必要であるにもかかわらず、経済的な理由で入院助産を受けられない場合には、助産施設に入院し、出産に要する費用を助成
婦人相談所	妊娠・出産を主訴とする相談の他、配偶者からの暴力被害者や若年の未婚ケース、性暴力被害者など、多様な背景から生活困難な状況にあり、かつ妊婦である相談ケースについて対応する

妊娠等に悩む人たちからの相談に対応して行う各保護・支援制度

保護・支援制度	概要
助産施設	経済的理由により、入院助産を受けることができない妊産婦を入所させて、助産を受けさせる
里親・養子縁組	養育できない・養育しないという保護者の意向が明確な新生児については、妊娠中からの相談を含め、出産した病院から直接里親の家庭へ委託する特別養子縁組を前提とした委託の方法が有用
乳児院	出産後、何らかの事情で家庭での養育が困難となった乳幼児を入所させて、養育
母子生活支援施設	妊産婦については、婦人相談所から母子生活支援施設への一時保護委託が可能
婦人保護施設	配偶者からの暴力被害者、その他生活上の困難を抱え、他に解決すべき機関がない、保護を必要とする女性及び同伴家族を入所させ、保護及び自立のための支援を行う

子どもの虐待

子どもの虐待

　保護者（養育者）の行為で、子どもの心身を傷つけ、すこやかな成長と発達を損なうものをいいます。
　児童虐待防止法では、次の4種類を定義しています。

身体的虐待	殴る、蹴る、叩く、投げ落とす、激しく揺さぶる、やけどを負わせる、溺れさせる、首を絞める、縄などにより一室に拘束する　など
性的虐待	子どもへの性的行為、性的行為を見せる、性器を触る又は触らせる、ポルノグラフィの被写体にする　など
ネグレクト	家に閉じ込める、食事を与えない、ひどく不潔にする、自動車の中に放置する、重い病気になっても病院に連れて行かない　など
心理的虐待	言葉による脅し、無視、きょうだい間での差別的扱い、子どもの目の前で家族に対して暴力をふるう、きょうだいに虐待行為を行う　など

　保護者以外の同居人による身体的虐待や性的虐待を放置することは、**ネグレクト**にあたります。
　「そんなつもりではなかった」「しつけの一環であった」としても、子どもにとって**有害**ならば、それは**虐待**であると考えられます。
　虐待は、虐待行為そのものが子どもの心身を傷つけるばかりではなく、その行為がなくなってもなお、PTSD（心的傷後ストレス障害）やさまざまな障害として現れ、子どものその後の人生を生きにくいものにしてしまいます。

虐待のリスク要因

以下の４要素が揃っていることが指摘されています。
①多くの親は子ども時代に大人から愛情を受けていなかったこと
②生活に経済不安、夫婦不和、育児負担などのストレスが積み重なって危機的状況にあること
③社会的に孤立し、援助者がいないこと
④望まぬ妊娠、愛着形成阻害、育てにくい子など親にとって意に沿わない子であること

虐待を防止し、予防する方法としては、これらの**４要素が揃わないよう**働きかけることが効果的と考えられます。

虐待の通告義務

虐待を受けたと思われる子どもを発見した場合、速やかに、市町村、都道府県の設置する**福祉事務所**または**児童相談所**に通告しなければなりません。**通告義務は、守秘義務に優先**します。プライバシーの保護は十分に留意されなければなりませんが、子どもを守ることが最優先されるのです。

通告を受けた市町村、児童相談所は、一時保護を行うなど、子どもを虐待から守るとともに、虐待を行った保護者に対する指導など、家庭への支援を行います。

児童相談所全国共通ダイヤル

虐待かも、と思ったときなどに、すぐに児童相談所に通告・相談ができる全国共通の電話番号が設定されています。この児童相談所全国共通ダイヤルに電話をすると、近くの児童相談所につながるようにな

っています。

通告・相談は、**匿名**で行うこともできます。通告・相談をした人や、その内容に関する秘密は守られます。

> 児童相談所全国共通ダイヤル
> １８９（いちはやく）

これまでは10桁の番号でしたが、子どもたちや保護者のSOSの声をいちはやくキャッチするため、覚えやすい3桁の番号となりました。

子どもを守る地域ネットワーク

虐待を受けている子どもや支援を必要としている家庭を早期に発見し、適切な保護や支援を図るため、関係機関により、子どもや保護者に関する情報の交換や支援内容の協議を行う場として、法律上、**要保護児童対策地域協議会**（子どもを守る地域ネットワーク）が規定されており、地方自治体に設置の努力義務が課されています。

子ども虐待対応の原則

子どもへの虐待は、保護者がこれまでどのような家庭で育ってきたか、就労や家計の状態はどうか、どのような居住状況か、友人や近隣とどのような人間関係にあるのか、何がストレスであるのか、心身の問題はないかなど、親側の背景要因と、子どもの障害や疾病等の育児負担の問題、また望んだ妊娠であったのかどうかという受容の問題など、多様な要因により起こるという認識が重要です。

たとえ虐待されていても自分に関心を寄せてもらえるかけがえのない大人として、保護者の言動をかばう子どもがいます。子どもが保護

者に対して抱く感情を受け止めつつ、同時に子どもに起こっていることを見誤らずに対応しなければなりません。

安全・安心な場で、子どもに十分な関心と配慮がなされるような支援を行うことが重要です。

子どものパーマネンシーとは、永続的な人間関係や生活の場を保障することであり、子どもの発達支援、自立支援における基本的な視点です。大人との情緒的・心理的関係や生活環境の安定性と継続性は子どもの健全な発達に不可欠です。施設においても里親家庭においてもパーマネンシーに配慮した対応を行う必要があり、長期にわたる社会的養護が必要な場合は子どもの自立を見通した上での**パーマネンシープランニング（永続的養育計画）**が必要です。

虐待対応の原則

迅速な対応／子どもの安全確保の優先／家族の構造的問題としての把握／十分な情報収集とアセスメント／組織的な対応／十分な説明と見通しを示す／法的対応など的確な手法の選択／多機関の連携による支援

厚生労働省雇用均等・児童家庭局総務課「子ども虐待対応の手引き」（平成25年8月改正版）より

虐待の現状

「児童養護施設入所児童等調査の結果」によると、養護問題発生理由は、一般的にに「**虐待**」とされる「放任・怠惰」「虐待・酷使」「棄児」「養育拒否」の合計で、里親委託児、養護施設児ともに、**全体の約4割**を占めています。養護施設児の約6割、里親委託児の約3割に被虐待経験があるといいます。虐待の種類は、**ネグレクト**が多くなっています。

「保護者のもとへ復帰」見通しの児童は、里親委託児約1割、養護施

設児約3割となっています。

「子ども虐待による死亡事例等の検証結果等について」によると、発生・表面化した児童虐待による死亡事例のうち、子どもの年齢は、0歳が約4割と最も多く、0歳から2歳を合わせると約6割と大部分を占めていました。虐待の種類は、身体的虐待が約6割、ネグレクトが約3割です。主たる加害者は、**実母**が最も多くなっています。

警察庁の発表によると、児童虐待を受けたとして、警察が児童相談所に通告した児童の数は、増加傾向で、過去最多を更新しています。また、児童虐待事件の検挙件数も、過去最多を更新しました。

虐待相談の現状

「福祉行政報告例の概況」によると、児童相談所が対応した児童虐待相談は、年々増加傾向で、約9万件となっています。

被虐待者の年齢は、**小学生**が約35％を占め最も多く、次いで、3歳～学齢前と0～3歳未満がそれぞれ約2割を占めています。

相談の種類では、**心理的虐待**が最も多く、次いで、身体的虐待となっています。主な虐待者は、**実母**が最も多く、次いで実父となっています（P225、226参照）。

児童虐待の相談種別対応件数の年次推移

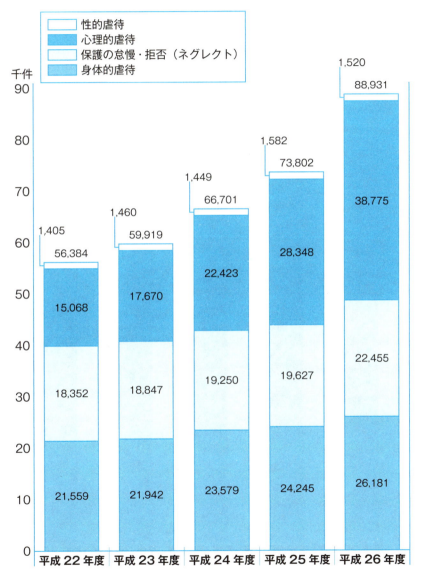

注：平成22度は、東日本大震災の影響により、福島県を除いて集計した数値である。

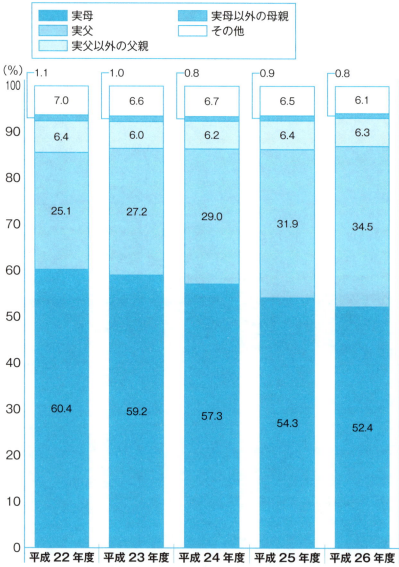

不登校とひきこもり

不登校の定義

　不登校とは、学校もしくは登校をめぐる激しい葛藤をともなった欠席状態を意味します。文部科学省の定義では「何らかの心理的、情緒的、身体的あるいは社会的要因・背景により、登校しないあるいはしたくともできない状況にあるため**年間30日以上欠席した者**のうち、病気や経済的な理由による者を除いたもの」となっています。

ひきこもりの定義

　「ひきこもりの評価・支援に関するガイドライン」では、さまざまな要因の結果として社会的参加（義務教育を含む就学、非常勤職を含む就労、家庭外での交遊など）を回避し、**原則的には6ヶ月1以上**にわたって概ね家庭にとどまり続けている状態（他者と交わらない形での外出をしていてもよい）を指す現象概念としています。

　なお、ひきこもりは原則として統合失調症の陽性あるいは陰性症状に基づくひきこもり状態とは一線を画した非精神病性の現象とするが、実際には確定診断がなされる前の統合失調症が含まれている可能性は低くないことに留意すべきとしています。

不登校とひきこもり

　不登校のうちには、**ひきこもりと関連性が強い一群**が確実にあると考えられます。不登校も、社会的活動（学校生活や仲間との交友）と

それに関連した場（学校）からの回避行動＝社会活動からのひきこもりであるとの視点を強調する必要があります。不登校の問題を、顕在性か潜在性かを問わず、「学校に参加することへの恐れ、拒否感、あるいは怒りと、欠席することへの罪悪感を持ち、登校せずに家庭にとどまる生活は総じて葛藤的である」といった状態像を伴う長期欠席であると捉える必要があるといえるでしょう。

不登校・ひきこもりの原因

いじめ、家族関係の問題、病気など、さまざまな原因が挙げられますが、原因やきっかけは人それぞれであり、1つの原因で生じるわけではありません。生物学的要因や心理社会的要因が複雑にからみあって発生していると考えられます。背景には、さまざまな精神障害が関与しているという報告もなされています。「いじめがあったから」「子育てに問題があったから」などと決めつけてはいけません。明確な理由が見つからないケースもあります。「**原因探し**」「**悪者探し**」をしても何も解決しません。

不登校の、直接の原因となったものが明らかで、除去あるいは改善できることであれば、それを行います。

青少年期の特性とひきこもり

青少年期は、同性仲間集団から脱落することを恐れ、子どもは集団へ**過剰適応する傾向**にあります。適応上の危機の増大や現実に生じた失敗は、たとえそれが些細なものであったとしても、子どもに強い挫折感と恥の感覚を経験させ、それが生じた現場である仲間関係や学校生活を回避させ、子どもを家にとどめる強力な原動力として作用します。

青少年期は**自己感覚が過敏**になり、他者の視線、他者の批判、自己の独立性・自律性をめぐる不安に対する過敏性や脆弱性として現れます。友人関係の破綻はこの年代の子どもの高まった自己愛を揺さぶり、孤立感や無力感などを生じさせ、自分の考えや感情が他者から強いられたもので自分の独自のものではないように感じる**被影響感**や他者から意地悪されているように感じる**被害感**を刺激したりします。**社会的関係性の挫折**により、自己へのひきこもりと自己愛性がさらに亢進することになります。通常の子どもにとって、自己にひきこもることを最も容易に保障するのは家庭にとどまることなのです。

　青少年期の特徴として、正反対の感情が同時に浮かぶ両価性（**アンビバレンツ**）があります。近づきたい・離れたい、助けてほしい・かまわないでといった正反対の気持ちに激しく揺れる青少年期の子どもは、挫折や自己の危機に際して適切な支援を求めることができないという特性が目立つといいます。

　青少年期のひきこもりでは、子どもは学校へ行っていないことに対する**罪悪感**があり、支援者の中立的な姿勢や質問をしばしば非難と受け止めやすく、両価性によって関係性は不安定かつ了解しにくいものになってしまいがちであるといいます。

支援を必要とするひきこもり

　社会生活の再開が困難になってしまった事例では、家族が見通しの立たない状況に大きな不安を抱えています。家庭内暴力、強迫症状や幻覚・妄想などの精神病症状が深刻化している事例では、家庭内の生活や人間関係が危機に瀕している場合もあります。ひきこもり中の子どもと親との間で、過保護や過干渉を伴う**共生的な関係性**が形成されている事例では、社会との橋渡し機能を、家庭が果たせなくなってしまいがちです。家族や家庭の機能不全が、さらなるひきこもりの長期

化を招くといった**悪循環**を形成することもあります。

　いずれの場合も、精神保健、福祉、医療などからの専門的支援が必要となります。

　ひきこもりは長期化すると、本人の心身の健康に深刻な影響を与えます。心理・社会的には、年齢相応の学習や社会体験の機会を逃し、再チャレンジの機会も減っていきます。**長期化を予防すること**が重要です。

ひきこもり地域支援センター

　ひきこもりに特化した専門的な第1次相談窓口として、都道府県や指定都市に設置されています。ひきこもりの状態にある本人や家族が、地域の中でまずどこに相談したらよいかを明確にすることによって、より適切な支援に結びつきやすくすることを目的としています。

　社会福祉士、精神保健福祉士、臨床心理士等**ひきこもり支援コーディネーター**が配置され、地域における関係機関とのネットワークの構築や、ひきこもり対策にとって必要な情報を広く提供しています。

本人と家族への対応

　ひきこもりの本人に対しては、今の状態が甘えや怠けではないことを理解し、**つらい気持ちに共感すること**が大切です。叱ったり、励ましたり、あれこれ指示するのではなく、「あなたの味方だよ、気にかけているよ」「見捨てたりしないよ」「あなたは大切な存在だよ」というメッセージを送ることです。

　ひきこもってしまうと、家族とのコミュニケーションが途切れたり、捻じ曲がりやすくなります。まずは本人と家族が、しっかりとしたコミュニケーションをとれるようにすることです。

昼夜逆転した生活となることも多いので、**生活リズムを整える**ことが大切です。

　ひきこもっている人には、安心感や自分への自信回復が必要です。できるところから、できることをしていくという姿勢を保ちつつ、生活を楽しめることを目標にします。

　子どもは日々成長していきますし、子ども自身に立ち直ろうとする力が備わっています。大人にとっての時間の流れとその子にとっての時間は必ずしも一致しません。まわりは焦らず、子どもの立ち直ろうとする能力を**最大限に引き出してあげる**ように努力しながら、**「そのとき」を待つ**ことが大切です。

　不登校では、学校へ行くことが最終目標だと考えるのではなく、本人が**成長するためのステップ**だと捉え、対応することも大切です。

ひここもりの諸段階

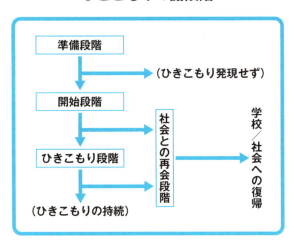

経過の段階ごとの特徴と対応

段階	特徴	対応
準備段階	身体症状や精神症状や問題行動などの一般的症状が前景に立つ時期	顕在化した症状のケアなどを通じて子どもの心の訴えに耳を傾け対処すべき
開始段階	激しい葛藤の顕在化、家庭内暴力などの不安定さが目立つ時期	当事者には休養が、家族やその他の関係者には余裕が必要な時期であり、支援者が過度に指示しすぎないことが肝要
ひきこもり段階	回避と退行が前景に出て、葛藤は刺激されなければ目立たない。徐々に回復していく場合もあるため、焦りに基づく対応は避ける。しかし、何の変化もみられないまま遷延化する徴候が見えたら積極的な関与も考慮すべき時期	焦らずに見守る、性急な社会復帰の要求は避ける、家族の不安を支える、適切な治療・支援との出会いに配慮が必要

「ひきこもりの評価・支援に関するガイドライン」（厚生労働科学研究「思春期のひきこもりをもたらす精神疾患の実態把握と精神医学的治療・援助システムの構築に関する研究」）より

Step 2-4

家庭内の暴力

子どもの暴力

　子どもの家庭内暴力は、家族全体にも大きな影響を及ぼします。暴力のきっかけは、些細なことであったり、理由もない場合もあり、家族は子どもの表情やちょっとしたしぐさにびくびくしながら生活している場合も多くあります。長期化、慢性化すると、本人も親も悪循環の輪の中にはまってしまい、容易には抜け出せなくなってしまいます。

　一般的には、家庭内暴力は退行によって生じやすく、「**甘えの不適切な表現方法**」といえます。挫折や困難にぶち当たると、「誰のせいでこんなことになったんだ！」「責任をとれ！」「早く助けてくれ、何とかしてくれ！」という叫びが、暴力という形になって現れていると考えられます。暴力は特に母親に対して向けられることが多く、まるで奴隷のように扱ったりします。

　家庭内暴力は単純な攻撃性ではありません。暴力をふるうことで自分も傷つき、自責の念もあり、しかしそのような自分に育てたのは両親だと相手を責める、その**悪循環**が繰り返されていきます。

　それに拍車をかけてしまうのが、「親だから仕方がない」「責任は自分にもある」などと感じて、**親（母親）が我慢してしまう**ことです。さらに世間体を気にしてまわりに助けを求めず、それが問題解決を遅らせる結果となってしまうことも少なくありません。

子どもの暴力への対応

　基本姿勢は「**暴力の拒否**」です。毅然とした態度で「暴力は嫌だ」

「そういうことはして欲しくない」と伝えることです。

　暴力が始まって初期の場合は、まず**「刺激しないこと」**です。刺激とは、偉そうな言い方、断定的な物言い、皮肉や嫌味、本人を傷つけるような冗談などです。多くの場合、家族も気づかないうちに本人を刺激し、暴力を誘発していることが多いのです。暴力も、率直で淡々とした**「刺激しない、対決しない、取引しない」**という姿勢を守れば収まることもあります。

　暴力を拒否するために、**対象者が避難する**という方法もあります。これにはリスクも伴いますので、専門家と連携をとった上でなされるべきです。ただ逃げればいいというわけではありません。必ず大きな暴力が起きた直後というタイミングで行います。ただし、本人が「自分は見捨てられた」と絶望してしまわないように、必ず本人に連絡を入れます。そのとき、「暴力が嫌だから逃げたのであって、見捨てたのではない、暴力が収まったらまた戻る、連絡もする」ことを伝えます。

　家庭の密室化を避けるためには、**警察へ通報すること**も１つの手です。家族が「暴力を拒否するためには、警察に通報するほどの覚悟と真剣さがある」ことを、本人が感じればいいでしょう。通報は、必ず大きな暴力が起きた直後にします。本人も悪いことをしている自覚はある、しかしやめられない状態なのです。通報すべきときは通報し、毅然としていることです。

子どもの気持ちを受容すること

　どのような対応をするにしても、**本人の気持ちを理解しようと努めること**が大切です。事実はさておき、本人は、自分の人生は「失敗だらけで、散々なものだ」と捉えている場合が多いのです。その「失敗」を誰かのせいにしなければ自分が崩壊してしまうから、最も身近な人間を責め、何とか自分を保とうとしていると考えられます。なぜ暴力

をふるわずにはいられないのかを考え、劣等感を刺激しないかかわり方を知るためには**共感的理解**が不可欠です。暴力による訴えは拒否しますが、言葉による訴えには耳を傾け、受容します。受容と「言いなりになること」は違います。本人の気持ちを受け止めつつ、相手に振り回されず対処していくことが大切です。

DV（ドメスティック・バイオレンス）

　一般的に DV は、「配偶者や恋人など親密な関係にある、又はあった者から振るわれる暴力」をいいます。

　配偶者からの暴力の防止及び被害者の保護等に関する法律（DV 防止法）では、「配偶者からの暴力」として、次のように定義しています。

> 配偶者からの身体に対する暴力（身体に対する不法な攻撃であって生命又は身体に危害を及ぼすものをいう）又はこれに準ずる心身に有害な影響を及ぼす言動

「配偶者」には事実婚の関係も含み、離婚後に引き続き受ける暴力や言動も含まれます。「被害者」とは、「配偶者からの暴力を受けた者」で、女性に限定されていませんが、実際は、**女性が被害を受けることが多い**です。暴力の形態には、身体的なもの、精神的なもの、性的なものなどがあり、複数の形態に該当する暴力行為もあり得ます。

DVの構造と周期

　DV の本質は、**「支配」の問題**です。さまざまな「力」を使って、身体的、社会的、経済的に弱い立場の者を**支配しようとする行為**です。

　DV にはサイクルがあり、悪循環にはまっていきます。

緊張の蓄積	暴力の爆発	ハネムーン期
加害者の緊張が高まり、小言を言ったり、イライラした態度を見せるようになる。被害者はそれを感じ取り、爆発しないように気をつかう	→ 加害者が怒りのコントロールができなくなり、爆発する。重度のけがを負うような暴力をふるう場合も。被害者は恐怖感と無力感を感じる	→ 「もう二度としない」と謝り、被害者を大切に、いとおしむ。被害者は「相手が変わるかも」と期待する

加害者・被害者のタイプ

　DVは、加害者、被害者の年齢や学歴、収入、社会的地位などに**関係なく**起こります。人当たりが良く、社会的信用がある人でも、家に帰ると暴力夫であるという例も多く見られます。家庭内という密室でのみ暴力を振るう人もいますが、普段から暴力的な人もいます。アルコール依存症や何か病気を持った人の場合もあります。

　原因は、暴力を振るわれる側にあるのではありません。男性から女性への暴力は、背景に「**男性優位、女性従属**」の考え方があるといわれます。

被害者が陥りやすい状況

　DVの被害者は、関係から逃げることができないことが多く、次の理由から逃げることに踏み切れないことが考えられます。

恐怖感	「逃げたら殺される」
無力感	「逃れることはできない」「助けてくれる人はいない」
複雑な心理	「いつか変わってくれる」「私を愛しているから」
経済的問題	収入が断たれる
子どもの問題	子どもの安全や就学の問題

| 失うもの | 自分の生活基盤を捨てなければならない |

　DVは、被害者の心身を傷つけ、**PTSD**を引き起こすこともあります。また、暴力を目撃する子どもにも深刻な影響を与えます。

　内閣府男女共同参画局による「男女間における暴力に関する調査報告書」によると、配偶者から被害を受けたとき、女性の約6割は「別れたい（別れよう）」と思っていますが、そのうち約45％は別れていません。加害者が交際相手であった場合は、女性の約4割は「別れたい（別れよう）と思ったが、別れなかった」り、「別れたい（別れよう）と思わなかった」と回答しています。別れなかった理由は、約半数が「相手が変わってくれるかもしれないと思ったから」となっています。

　また、DV被害を受けたことのある家庭の約3割は、子どもへの被害もみられるという結果となっています。

DVへの対応

　DV防止法では、配偶者からの暴力を受けている者を発見した者は、その旨を**配偶者暴力相談支援センター**又は**警察官**に通報するよう努めなければならないとしています。

　被害者の生命・身体に重大な危害を受けるおそれが大きいときは、被害者の申し立てにより、裁判所は、**接近禁止命令**などの保護命令を出すことができるとされています。

配偶者から被害を受けたときの行動

被害を受けた女性の約6割が「別れたい（別れよう）」と思っており、そのうち約1割は別れている

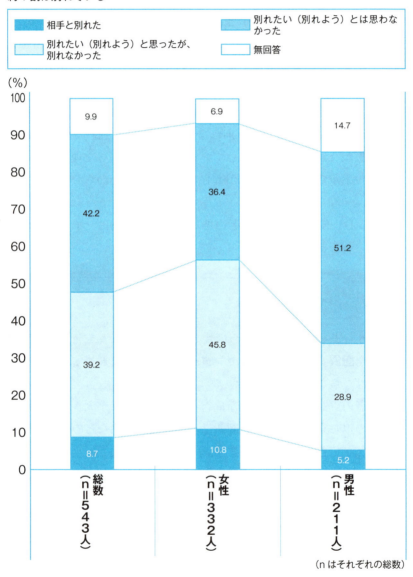

（nはそれぞれの総数）

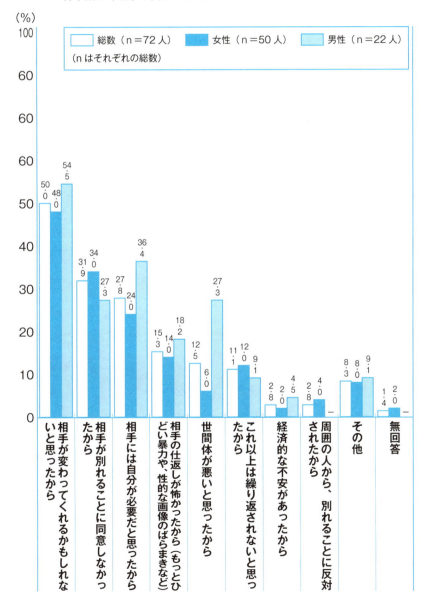

交際相手と別れなかった理由（複数回答）

約半数が「相手が変わってくれるかもしれないと思ったから」

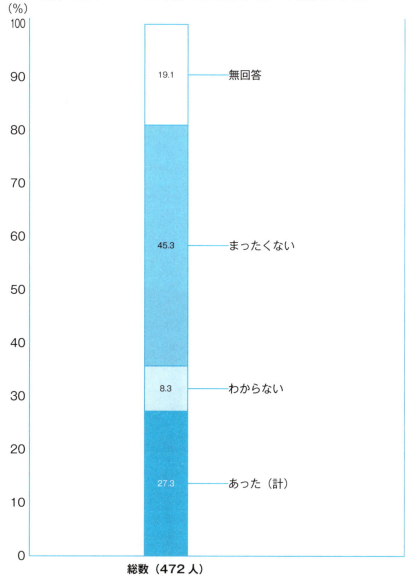

Step2 子どもと家庭を取り巻く問題の早期発見のためにできること
理解度チェック

問題1 次の文章で適切なものには○を、間違っているものには×をつけなさい。

① 出産時期に精神的に不安定になるのは、出産する女性に特有の症状である。[ ]
② 子育ての不安に対する支援としては、親が子どもと離れる時間をつくることが有効な場合もある。[ ]
③ 育児ノイローゼでは、身体症状がみられることがある。[ ]
④ 婦人相談所では、妊娠・出産を主訴とする相談を受けつけている。[ ]
⑤ 助産施設は、出産後、何らかの事情で家庭での養育が困難となった乳幼児を入所させて養育する。[ ]

問題2 児童虐待の現状に関する次の文章で、最も適切なものを1つ選びなさい。

① 児童相談所が応じた虐待相談では、被虐待者の年齢は、小学生が最も多い。
② 児童相談所が応じた虐待相談は、年間3万件程度である。
③ 児童相談所が応じた虐待相談の種類は、身体的虐待が最も多い。
④ 児童相談所が応じた虐待相談では、虐待者は、継父が最も多い。
⑤ 養護施設児で被虐待経験があるのは、2割に満たない。

問題3 次の文章で適切なものには○を、間違っているものには×をつけなさい。

① 不登校は、経済的理由により登校したくともできない状況にある者

は除かれる。[ ]
②ひきこもりは、原則的に30日以上にわたって、おおむね家庭にとどまり続けている状態である。[ ]
③不登校は、原因を探し出して、除去することが重要である。[ ]
④ひきこもり状態は、本人の甘えや怠けが原因である。[ ]
⑤不登校は、学校へ行くことが最終目標となる。[ ]

問題4 次の文章で適切なものには○を、間違っているものには×をつけなさい。

①子どもの家庭内暴力は、退行によって生じやすい。[ ]
②子どもの暴力への対応は、暴力の拒否が基本姿勢である。[ ]
③DV防止法では、被害者を女性に限定している。[ ]
④DVの加害者は、社会的信用がない人が多い。[ ]
⑤DVの被害者は、関係から逃げることができないことが多い。[ ]

Step2 Check Answer

子どもと家庭を取り巻く問題の早期発見のためにできること
理解度チェック 解答と解説

問題1

① × パートナーである男性も、生活リズムの変化、パートナーとの関係の変化、父親としての責任感などで、精神的に不安定になりやすいです。

② ○ 子どもと離れる時間をつくったり、誰かに子どもをみてもらって、休養を取ることが有効な場合も多いです。

③ ○ 食欲不振、体重減少、動悸・息切れ、めまいなど、さまざまな身体症状がみられます。

④ ○ 配偶者からの暴力被害、若年の未婚、性暴力被害など、多様な背景から生活困難な状況にある妊婦の相談に応じています。

⑤ × 助産施設は、経済的理由により、入院助産を受けることができない妊産婦を入所させて、助産を受けさせる施設です。

問題2

① ○ 小学生が約35％を占め、最も多いです。

② × 年々増加傾向で、約9万件となっています。

③ × 虐待相談の種類は、心理的虐待が最も多いです。

④ × 虐待者は、実母が最も多いです。

⑤ × 養護施設児で被虐待経験があるのは、約6割となっています。

問題3

① ○ 何らかの心理的、情緒的、身体的あるいは社会的要因・背景により、登校しないあるいはしたくともできない状況にあるため年間30日以上欠席した者のうち、病気や経済的理由による者を除いたものと定義されています。

② × さまざまな要因の結果として社会的参加（義務教育を含む就学、非常勤職を含む就労、家庭外での交遊など）を回避し、原則的

には6ヶ月以上にわたって概ね家庭にとどまり続けている状態（他者と交わらない形での外出をしていてもよい）を指すとしています。

③ × 明確な理由が見つからないケースも多く、「原因さがし」や「悪者さがし」をしても何も始まらないことが多いです。
④ × 決して、本人の甘えや怠けではないと理解し、つらい気持ちに共感する支援が求められます。
⑤ × 必ずしも学校へ行くことが最終目標ではなく、本人の成長するためのステップと捉えた支援が求められます。

問題4

① ○ 甘えの不適切な表現方法であるともいえます。
② ○ 毅然とした態度で、暴力を拒否することが重要です。
③ × 実際は、女性が被害を受けることが多いですが、法律上は女性に限定していません。
④ × 人当たりが良く、社会的信用がある人でも、家に帰るとDVを行っていたというケースは多いです。
⑤ ○ 恐怖感、無力感、複雑な心理、経済的問題、子どもの問題、失うものなど、さまざまな理由から、逃げることに踏み切れないと考えられます。

Part6

起こり得る家庭内の心の病とその予防

Step 1

さまざまなメンタル疾患への対応

　病気にならないように予防することが第一ですが、メンタル疾患にかかってしまったら、早期に発見し、早期に医療機関を受診するなどの対応が重要です。

心の病気の予防

　ストレスは、さまざまな心の病気の誘因となります。悪いストレスをため込まないようにし、ストレスとうまくつきあうなど、日頃からの**セルフケア**が予防には重要です。いつもと心身の状態が違うことに気づき、早めに対処します。心の病気の予防には、周りの人のサポートも重要です。悩みや不調について、話を聴いて、心配してくれる人がいるだけで安心することができます。

心の病気の早期発見・早期治療

　心身の不調を感じたら、がまんせずに、**早めに専門機関に相談**したり、**専門医療機関を受診**することが大切です。
　心の病気を認めたくなくて、精神科や心療内科の受診をどうしても嫌がる場合は、身体の不調を診るために、まずは内科を受診することを勧めてみるという方法もあります。医療機関への受診自体、気が進まないという場合、どこへ行ったらいいかわからないという場合などは、保健所や精神保健福祉センターなど地域の相談窓口への相談を勧める方法もあります。

受診すべき医療機関

　心の病気を治療する診療科には、精神科、精神神経科、心療内科、神経科などがあります。ただし、日本の医療制度では、どの診療科名を名乗るかはある程度自由に選択できるので、同じ診療科名でもカバーする範囲や得意とする分野が異なったり、医師やスタッフの体制が異なったりすることはあり得ます。

診療科	一般的特徴
精神科・精神神経科	うつ病、統合失調症などの疾患に対して、精神科医が治療を行う 神経科と標榜して精神科と同様の治療を行うところもある
心療内科	一般に、心理的要因で身体症状が生じる心身症を主な対象とする うつ病などの心の病気を診ている医療機関も多い
神経内科	パーキンソン病や脳梗塞、筋ジストロフィーなど、脳と神経にかかわる疾患を診る 認知症やてんかんなども治療の対象としているところがある

　心の病気が急に悪化し、自殺や他人を傷つけてしまう危険性が高い場合は、精神科の救急医療機関を利用することになります。

勝手に病名を診断しない

　必ず守ってほしいのは、この知識をもとに、勝手に人の**病名を診断しない**ということです。メンタル疾患の診断は非常に難しく、時には専門医でも迷うことがあります。かなりの経験と知識が必要なことです。病名を決めつけるような言動はくれぐれも慎むようにしてください。これらの知識は、メンタル疾患を抱えた本人を理解する上での一助として役立ててください。

強迫性障害

強迫性障害とは

　自分では不必要であるとわかっていても、ある考えが浮かんできてしまったり、ある行為を繰り返さないと不安になってしまう障害です。強迫観念（強迫思考）と強迫行為があります。鍵をかけたかどうか心配（**強迫観念**）で、何度も確かめないと気が済まない（**強迫行為**）などがその例です。

　強迫性障害にみられる強迫観念や強迫行為は、**不合理とわかっているのにやめられない**のが特徴です。やめようとすると不安が起こります。強迫性障害は、神経症に分類される疾患の中でも最も遺伝傾向が高いといわれています。

強迫性障害の薬物療法

　強迫性障害の治療では、**抗不安薬**および**抗うつ薬**が用いられます。特に、脳内のセロトニン系の異常が推定されており、近年では抗うつ薬の中でもSSRI（選択的セロトニン再取り込み阻害薬）が用いられています。

　重症になると、強迫行為をやめようとしたとき強度の不安が起こるため、数時間以上にわたって強迫行為を続けてしまうことがあります。

　また、強迫観念を必ずしも本人が不合理と思っておらず、妄想に近い観念を抱いていることがあります。このような重症例では**抗精神病薬**を用いることもあります。

強迫性障害の心理療法

強迫性障害の治療では、認知行動療法の**エクスポージャー法**が有効であるとされています。暴露反応妨害法とも呼ばれ、強迫観念による不安が生じる場面に直面させ、やらずにはいられなかった強迫行為をやらないことで、予測していた脅威的な結果が生じないことを経験させて、不安を弱くしていく療法です。

家庭の中での強迫性障害

一般に、物事を何度も確認したり、徹底的に繰り返す行為は、ある程度は通常でもみられる行為です。しかし、日常生活に支障をきたすようになると、それはメンタル疾患として治療の対象と考えるべきです。

この疾患は、思春期から青年期にかけて多くみられますが、中高年でも見られ、幅広い世代で発症します。ストレスそのものが原因で、強迫性障害が発症するとは考えられていませんが、強迫性障害の患者さんに**過度なストレス**がかかると、一時的であれ**症状を悪化させる原因**になることがあるようです。

特に、引越し、入学、卒業、就職、結婚や出産など、これまでと**生活スタイルが大きく変わったとき**には注意が必要です。また、男性では仕事などで行き詰まりを感じたときに、強迫症状が悪化することがあるといわれています。「自分はこのままで終わってしまうのではないか」と現実の状態に強い不安を感じたとき、強迫的に何かを繰り返して自信を得ることで、その不安を解消していくというケースです。しかし、ストレスを減らしたからといって、それが根本的な治療となるわけではありません。

子どもの強迫性障害

　子どもの場合には、自分の症状が不合理だという自覚がない場合もあります。不登校や家庭内暴力の背景にこのようなメンタル疾患が隠れている場合もありますので、注意が必要です。

　このようなメンタル疾患は**家族や身近な人の理解**を要するものです。本人がこのような症状で苦しんでいる場合は、家族がメンタル疾患として理解を示すことが大切です。

　「本人の気持ち次第だ」とか「本気で直す気がない」などと、症状を本人の努力不足のように決めつける態度は良くありません。

　家族やまわりの人は、強迫行為をやめさせようと注意したり、罰を与えたりしないで、本人が「**したくてしているのではない**」ことを理解し、そのつらさや不安な気持を理解し、認めてあげることが大切です。また、学校生活でもいろいろな問題が生じることが考えられるので、**学校側にも理解と協力**を得られるようにします。本人の苦痛を理解し、多少でも症状に改善がみられたら、むしろそのための本人の治療努力をきちんと評価し、心理的にサポートする立場をとるのが治療のために望ましいといえるでしょう。

その他の不安障害

　不安障害は、**不安を主症状とする障害**で、急性のパニック障害と、慢性の全般性不安障害があります。

パニック障害	現実に危機は存在しない中で、「このまま死んでしまうのではないか」というほどの強い恐怖や不快感を伴うパニック発作を起こす パニック発作は、予期しない場面・状況で突然起こり、予測ができないので、またパニック発作が起こるのではないかという予期不安が生じる それが高じると、パニック発作が起こったときに助けを得られない場所や状況にいることに対する不安（広場恐怖）が生じる
全般性不安障害	漠然と何か悪いことが起こるのではないかという不安感（予期不安）を持ち、不安の対象はさまざまに変動する（不動性不安）

恐怖症とは、危険でも脅威でもないはずの状況に対して、不相応に恐怖感を覚え、それが不合理だとわかっていても恐怖にかられ、それを回避しようとする障害です。広場恐怖、特定の恐怖症、社会恐怖などがあります。

広場恐怖	逃げるに逃げられない、助けを得られない場所や状況にいることに対する不安 家を離れること、混雑の中にいること、電車やバスなどで移動することなどに対する恐怖
特定の恐怖症	高所恐怖、密閉恐怖、動物恐怖、疾病恐怖、不潔恐怖など特定の状況に対する恐怖
社会恐怖	対人恐怖など、他人から注視されること、自分の視線が他人にどう映るかなどに対する恐怖

過換気症候群

過換気症候群とは

急激に過呼吸が起こり(**過換気発作**)、過呼吸(=過換気)によって血中の二酸化炭素が過剰に排出されることで血液がアルカリ性になり過ぎて(**呼吸性アルカローシス**)、呼吸困難、胸部不快感、胸痛、手足のしびれ、めまい、けいれん、不安感、恐怖感、動悸、発汗などの症状が出現します。

一般に発作は、30分〜1時間程度で消失します。経過は良好で、生命に支障をきたすことはありません。

20〜30代の女性に多く、救急外来を受診することが非常に多いメンタル疾患です。

過換気症候群の応急処置

紙袋で口と鼻をおおって呼吸する方法(paper bag rebreathing=ペーパーバッグ呼吸法)が行われます。これは、自分の吐いた息(二酸化炭素濃度が空気より高い)を吸うことによって、血液がアルカリ性になったために起こった症状を改善させる方法です。

ペーパーバッグ呼吸法は、書籍に紹介されていたり、一般的にも知られており、実際にも用いられていますが、一方で、その危険性も以前から指摘されていました。

有名なのは、1989年の論文で、ペーパーバッグ呼吸法による低酸素症の危険が指摘されています。ペーパーバッグ呼吸法の問題を論じるときにもよく引用されているようです。

ペーパーバッグ呼吸法は、過呼吸で血液中の二酸化炭素が不足して、アルカリ性になっているので、自分の吐いた息を吸うことで、症状を改善させるという仕組みで、理にかなった方法に思われます。

　しかし、実際は、改善効果が得られなかったり、逆に、長い時間実施することで、重篤な症状を引き起こす危険性もあるといいます。

　最近では、過換気症候群では、応急処置として、**意識してゆっくり呼吸する**ことで、呼吸のリズムを整え、通常の呼吸のなかで二酸化炭素不足を解消させるという方法がとられるようになっています。

　ペーパーバッグ呼吸法は、一般にも知られているので、その動作を行うことで、過呼吸を起こしてしまっている本人が落ち着けるという効果はあるかもしれません。

過換気症候群の治療

　不安感を軽減するために、**抗不安薬**の注射も行われます。非発作時に、予防的に抗不安薬の内服を行うこともあります。

　精神療法として、身体症状が起こるメカニズムを説明し、過換気発作への恐怖心を和らげたり、**自律訓練法**などでストレス耐性を高めたりします。自分では手に負えない事態に陥ったという恐怖感が、さらに過呼吸を悪化させているので、慌てずに少しでも自分を冷静に客観視できるように**認知を修正**していきます。

家庭の中の過換気症候群

　このメンタル疾患は**青年期以降に多く**なりますが、中学生ころからも、特に女の子たちの間に見られ始めます。ストレスや自律神経失調症、心身症などとも関係の深い病気ですので、本人を取り巻く状況をよく観察し、どのような対応が必要なのかを考えていくことが大切

です。

　特に、中学生、高校生はメンタル疾患というよりは、「**注目して欲しい**」というサインとして、このような症状を出すことがありますので、気をつけてください。

　疲労や発熱などをきっかけに発作が起きることもあるので、規則正しい生活も大切です。

心身症の過呼吸症状

　ストレスによる呼吸器系の身体症状の1つとして、過呼吸症状を捉えることができます。

　危機状態に陥ったとき、自律神経の交感神経が興奮し、多くの酸素を運ぶために呼吸数は増加し、心拍数は増加し、血圧が上昇し、体温上昇を防ぐために発汗します。

　つまり、**ストレスによる自律神経系の乱れ**によって、過呼吸症状が生じると捉えるのです。

転換性障害

　転換性障害は、以前はヒステリーと呼ばれていた症状の1つです。器質的原因がないにもかかわらず、手足の麻痺、失声など、随意運動機能や感覚機能に症状が出現します。これらの症状は、意図的につくり出されたり、ねつ造されたりしたものではなく、**ストレス**などの心理的要因が関連していると考えられます。

　転換性障害で、過呼吸症状がみられることがあります。

　呼吸は、自律神経系で無意識的にコントロールされる一方で、随意神経系で意識的にコントロールすることも可能であるという二重性を持っています。転換性障害の過呼吸症状は、**随意神経系の乱れ**によっ

て生じると考えられています。

パニック障害と過換気症候群

　パニック障害の症状の1つとして、過呼吸症状がみられることが多く、パニック発作と過呼吸の悪循環を形成しがちです。

　しかし、脳の機能障害に起因することが明らかになりつつあるパニック障害と、ストレスなどの心理的要因との関係が明らかである過換気症候群とは、**異なるものと捉える**必要があります。

　両者は混同されやすく、過換気症候群と診断されているが、実はパニック障害である場合、逆に、パニック障害と診断されているが、過換気症候群である場合も考えられます。

　パニック障害やその他、うつ病などの疾患が基礎にある場合は、それらの治療を適切に行う必要があり、注意が必要です。

　また、過換気症候群は、重症になると、意識障害が起こり、脳卒中や心筋梗塞などと間違えられることもあります。

Step 1-3

依存症

薬物依存症

薬物依存症とは、クスリを止めたくても止められない状態になることです。止めたいと思っても、**意志の力ではコントロールできなくなった状態**です。覚せい剤や麻薬など、非合法のクスリを思い浮かべるかもしれませんが、医者が処方する合法の睡眠薬や鎮痛剤、抗不安薬などでも依存性が認められるものもあります。市販の風邪薬なども、必要もないのに飲み続ければ、危険が生じる可能性も否定できません。興味や好奇心から、「1度だけ」と安易に手を出してしまわないことが重要です。

薬物依存症の症状

薬物依存症には、乱用、依存、中毒、離脱などの症状があります。

乱用	繰り返し使用することで社会的役割や義務を果たせなくなる、身体的危険のある状況で反復使用する、不法行為を何度も引き起こす、問題が生じているのに使用を続ける
依存	耐性や離脱症状が認められる、大量に長期間使用する、止めたくても止められない、クスリを得るための活動・使用・作用からの回復に費やされる時間が大きい、社会的活動の制約、心身に悪いとわかっているのに使用を続ける
中毒	使用することで、特異的な症候群が発現する、著しい不適応行動や心理的変化がみられる
離脱	大量・長期間にわたる使用を中止したことで、特異的な症候群が発現する、著しい苦痛や社会的機能の障害を引き起こす

薬物依存症の治療

　幻覚、妄想、不穏、興奮などに対しては、対症的に**向精神薬**を用います。全身状態の改善のために、必要に応じて点滴などの内科的治療も行います。

乱用薬物の種類

アヘン類	ヘロイン、モルヒネ、コデインなど 強烈な陶酔感から精神依存、禁断症状 中枢神経系への作用、呼吸中枢の麻痺
大麻類	マリファナ 大麻精神病：妄想、異常行動、思考力低下など めまい、嘔吐、平衡感覚障害等
コカイン	"ハイ"な感覚とその後の激しい虚無感、抑うつ感 蟻走感
覚せい剤	メタンフェタミン、アンフェタミン 高揚感と不安、混乱の繰り返し フラッシュバック
幻覚剤	LSD、MDMA 高揚感、夢想状態、幻覚
有機溶剤	シンナー、トルエン、ボンド、ベンゼンなど 酩酊作用、麻酔作用 知覚異常、幻覚
鎮静剤・催眠剤	バルビツール系 酩酊感

危険ドラッグ

　合法ハーブなど、"合法"と称して販売されていましたが、呼吸困難を起こして死亡したり、異常行動により他者に危害を加えてしまったり、危険で有害であることから、取り締まりが強化され、**医薬品医療**

機器等法**（旧薬事法）により、**指定薬物**として指定されたものを、所持、使用、購入、販売、授与等することは禁止されました。

薬物依存と家庭の対応

　薬物に対する教育がとても大切です。子どもたちが、薬物の恐ろしさを知り、それに手を出さないようにすることが一番重要なことです。子どもたちに「薬物は、脳（中枢神経）を侵し、健康や人格までも破壊してしまい、そのためまともな生活ができなくなる」「薬物には依存性があり、自分の意志では止められない怖いものである」「『1回くらい』は大きな落とし穴。1回でも絶対やらないこと。1回やったら絶対やめられない」ということをきちんと教えていく必要があります。危険性を正しい知識として知っていれば、薬物の乱用はかなり防げるものです。

　もしも、すでに薬物依存症になっていたら、治療は**医療機関に頼る**ことです。薬物依存の問題を抱えている家族の会や勉強会などがありますので、活用していくといいでしょう。家族が変わることで、本人が回復し、薬に頼らない生活に戻る可能性もあります。大切なことは1人で、あるいは家族だけで、抱え込まないことです。再使用の防止のためには、家族、地域、医療機関などが互いに協力することが必要です。

アルコール依存症

　アルコール依存症では、飲酒をコントロールすることが困難になります。1杯で止めておくつもりが、2杯、3杯と止められなくなったり、先にやっておかなければならないことがあるのに、飲み始めてしまったり、いつもお酒が手元にないと落ち着かなかったり、常に飲酒のこ

とが頭にあったりします。アルコールが抜けると、身体に不快な症状が生じる場合もあります。これを、**離脱症状**（禁断症状）といい、症状を抑えるために、また飲み始めるという、悪循環にもなります。飲酒時の記憶がなくなる場合もあり、これを**アルコール・ブラックアウト**といいます。

急性アルコール中毒	アルコール摂取中または摂取後すぐに、攻撃的行動や気分不安定、判断低下などの著しい不適応性の変化がみられ、ろれつの回らない会話、協調運動障害、不安定歩行、眼球（がんきゅう）振盪（しんとう）（無意識に眼球が動く）、注意・記憶力の低下、昏迷または昏睡がみられる
アルコール依存	長期にわたるアルコールの摂取で、飲酒の欲求を抑えられない精神的依存、アルコールを摂取しないと身体の機能が十分に働かない身体的依存が生じる
アルコール離脱	大量、長期間にわたっていたアルコール使用を中止または減量した場合、数時間から数日以内に、以下の2つ以上の症状が発現する ・自律神経系過活動（発汗、脈拍数増加など） ・手指振戦（ふるえ）の増加 ・不眠 ・嘔気または嘔吐 ・一過性の幻覚または錯覚 ・精神運動興奮 ・不安 ・けいれん大発作

　アルコール依存症は、**本人が依存症であると認めたがらない場合**が多いので、周囲のサポートが重要です。依存症になってしまえば、治療は、**無期限の断酒**が目標となります。断酒を継続するために、断酒会やアルコホリック・アノニマス（AA）など、同じ経験を有する人たちが集まる**自助グループ**に参加することも有効です。

睡眠障害

睡眠時間と睡眠障害

　睡眠時間には**個人差**があるため、何時間しか眠れないから不眠症であると一概に言うことはできません。日常生活に支障をきたすような眠気や疲労感がなければ、睡眠時間が短くても不眠症とはいえません。反対に、睡眠時間が長いのに、日中に居眠りや集中力の低下があれば、何らかの睡眠障害が疑われます。

不眠

　環境的、身体的、精神的、習慣などさまざまな要因で不眠は生じます。

不眠	入眠障害	30分～1時間以上寝付けない
	中途覚醒	夜中に何度も目が覚める
	早朝覚醒	朝、予定の時間より早く目覚めてしまって眠れない
	熟眠障害	睡眠時間のわりに、熟睡したという満足感が得られない

その他の睡眠障害

過眠	ナルコレプシー	日中に突然強い眠気が出現する 睡眠発作、脱力発作、入眠時幻覚、睡眠麻痺
睡眠時呼吸障害	睡眠時無呼吸症候群	睡眠中に何度も呼吸が止まる 肥満の人に多い

その他	レストレスレッグス症候群（むずむず脚症候群）	横になったり座ったり、じっとしているときに脚にむずむず感、不快感を感じる 原因不明で中高年の女性に多い
	周期性四肢運動障害	睡眠中に繰り返し脚や手がびくつく
	睡眠時随伴症	睡眠時に起こる好ましくない現象 睡眠時遊行症（ゆうこうしょう）（夢遊病）、夜驚症（やきょうしょう）、悪夢、夜尿症（やにょうしょう）など

健康づくりのための睡眠指針2014 〜睡眠12箇条〜

　平成25年度から**健康日本21（第二次）**を開始したことから、睡眠の重要性について普及啓発を一層推進する必要があり、新たな科学的知見に基づき、「健康づくりのための睡眠指針〜快適な睡眠のための7箇条〜」の改定が行われました。

①良い睡眠で、身体も心も健康に。
②適度な運動、しっかり朝食、眠りと目覚めのメリハリを。
③良い睡眠は、生活習慣病予防につながります。
④睡眠による休養感は、心の健康に重要です。
⑤年齢や季節に応じて、昼間の眠気で困らない程度の睡眠を。
⑥良い睡眠のためには、環境づくりも重要です。
⑦若年世代は夜更かし避けて、体内時計のリズムを保つ。
⑧勤労世代の疲労回復・能率アップに、毎日十分な睡眠を。
⑨熟年世代は朝晩メリハリ、昼間に適度な運動で良い睡眠。
⑩眠くなってから寝床に入り、起きる時刻は遅らせない。
⑪いつもと違う睡眠には、要注意。
⑫眠れない、その苦しみをかかえずに、専門家に相談を。

「睡眠 12 箇条の解説」より

第 7 条　若年世代は夜更かし避けて、体内時計のリズムを保つ。

子どもには規則正しい生活を
休日に遅くまで寝床で過ごすと夜型化を促進
朝目が覚めたら日光を取り入れる
夜更かしは睡眠を悪くする

　思春期になると、子どもたちは夜更かしをするようになります。思春期から青年期にかけては睡眠の時間帯が遅れやすい時期ですが、さらに通学時間が長いことなどにより、こうした傾向が助長されます。
　若年世代では、平日と比べて、休日は起床時刻が 2〜3 時間程度遅くなることが世界的に示されています。これは平日の睡眠不足を休日で解消しようとする意図がありますが、一方で体内時計のリズムを乱すことから、休日後の登校日の朝の覚醒・起床を困難にさせることになります。
　起床時刻を 3 時間遅らせた生活を 2 日続けると、高校生では体内時計が 45 分程度遅れることがわかっています。こうした休日の睡眠スケジュールの遅れは、夏休みなどの長期休暇後に大きくなります。
　1 日の覚醒と睡眠のタイミングを司っている体内時計は、起床直後の太陽の光を手がかりにリセットし、1 日の時を刻んでいます。光による朝のリセットが毎朝起床直後に行われないと、その夜に寝付くことのできる時刻が少しずつ遅れます。起床時刻が遅くなることで夜型化してしまう原因は、朝、暗いままの寝室で長い時間を過ごすことで、起床直後の太陽光による体内時計のリセットがうまく行えないことにあります。このリセットが行えないために、夜の睡眠の準備が遅れ、さらに朝寝坊の傾向を助長してしまうのです。
　また、若年世代では、夜更かしが頻繁に行われることで、体内時計

がずれ、睡眠時間帯の不規則化や夜型化を招く可能性があります。寝床に入ってから携帯電話、メールやゲームなどに熱中すると、目が覚めてしまい、さらに、就床後に、長時間、光の刺激が入ることで覚醒を助長することになるとともに、そもそも、夜更かしの原因になるので、注意が必要です。

Step1 さまざまなメンタル疾患への対応
理解度チェック

問題1 強迫性障害に関する次の文章で、最も適切なものを1つ選びなさい。

①強迫性障害で、何度も確かめないと気が済まない症状を、強迫観念という。
②強迫性障害では、不合理とわかっているのにやめられない。
③強迫性障害は、ストレスが原因で生じる。
④強迫性障害の症状は、本人の努力次第で軽減できる。
⑤強迫性障害では、薬物療法は効果がない。

問題2 次の文章で適切なものには○を、間違っているものには×をつけなさい。

①過換気症候群は、女性に多い。[　]
②過換気症候群は、パニック障害の症状の1つである。[　]
③パニック障害では、パニック発作を予期できる。[　]
④パニック障害では、漠然と何か悪いことが起こるのではないかという不安を持つ。[　]
⑤広場恐怖とは、助けを得られない場所や状況にいることに対する不安をいう。[　]

問題3 次の文章で適切なものには○を、間違っているものには×をつけなさい。

①薬物依存とは、非合法のクスリを止めたくても止められなくなる状態をいう。[　]
②薬物依存症には、乱用、依存、中毒、離脱などの症状がある。[　]

③危険ドラッグを所持することは禁止されている。[　]
④薬物は、1回くらいなら止められる。[　]
⑤アルコール依存では、本人が依存症であると認めたがらない。[　]

問題4 睡眠に関する次の文章で、最も適切なものを1つ選びなさい。

①夜中に何度も目が覚める睡眠障害を、入眠障害という。
②睡眠時無呼吸症候群は、やせの人に多い。
③レストレスレッグス症候群は、不眠の原因となる。
④起床時刻の遅れと夜型化は関係がない。
⑤夜更かしをしても、睡眠時間を確保できれば問題ない。

さまざまなメンタル疾患への対応
理解度チェック 解答と解説

問題1
① × 強迫性障害の症状には、強迫観念と強迫行為があり、強迫観念とは、鍵をかけたかどうか心配になることで、何度も確かめないと気が済まないのは、強迫行為といいます。
② ○ 強迫観念や強迫行為は、不合理とわかっているのにやめられず、やめようとすると不安が生じます。
③ × ストレスそのものが原因で発症するとは考えられていませんが、ストレスが症状を悪化させる要因となることがあります。
④ × 努力や気持ちの問題で何とかなるものではありません。
⑤ × 抗不安薬や抗うつ薬などの薬物療法が用いられます。

問題2
① ○ 過換気症候群は、20〜30代の女性に多いです。
② × パニック障害の症状の1つとして、過呼吸症状がみられることが多いですが、過換気症候群とは区別されるものと捉えます。
③ × パニック発作は予期しない場面・状況で突然起こります。
④ × 漠然とした不安感を持つのは、全般性不安障害です。
⑤ ○ 広場恐怖は、パニック障害でみられます。

問題3
① × 薬物依存は、覚せい剤や麻薬など、非合法の薬物に限りません。
② ○ 離脱とは、大量、長期間にわたる使用を中止したことで、特異的な症候群が発現し、著しい苦痛や社会的機能の障害を引き起こした状態をいいます。
③ ○ 医薬品医療機器等法で、指定薬物を、所持、使用、購入、販売、授与等することが禁止されています。
④ × 1回やったらやめられなくなるので、絶対に手を出さないこと

が重要です。
⑤ ○ 本人が病気であることを認めたがらないので、周囲のサポートが重要です。

問題4
① × 夜中に何度も目が覚めるのは、中途覚醒といいます。
② × 睡眠時無呼吸症候群は、肥満の人に多いといえます。
③ ○ レストレスレッグス症候群は、横になったりじっとしているときに、脚にむずむず感や不快感が生じます。
④ × 起床時刻が遅れると、体内時計が遅れ、寝付くことができる時間が少しずつ遅れ、夜型化していきます。
⑤ × 夜更かしをすることで、体内時計がずれ、睡眠時間帯が不規則化し、睡眠を悪くします。

Step 2
子どものメンタル疾患への対応

　子どもの不調や疾患に気づくためには、まわりの大人の見守りが重要です。子どもたちのゲートキーパーとなりましょう。

ゲートキーパーの役割

　ストレスを溜めすぎたり、心の不調が長く続くと、日常生活にも支障をきたしてしまいます。心の病気にかかってしまうこともあります。心の病気が自殺という最悪の結果を招いてしまうこともあります。

　ストレスや悩みを抱え込んでしまっている人や、心の病気にかかっていることに気づいていない人、心の不調に気づいていても病気だと自覚していない人に対しては、身近な周囲の人がちょっとした変化にも気づき、早期に手を差し伸べることが重要です。

　子どもの心の不調に気づいて行動し、適切な支援に結びつける人を、**ゲートキーパー**と呼び、次の役割があります。

気づき	家族や友だち、仲間の変化に気づいて声をかける
傾聴	本人の気持ちを尊重して、話にじっくりと耳を傾ける
つなぎ	早めに専門の機関に相談するよう促す
見守り	寄り添いながら、温かくじっくりと見守る

　ゲートキーパーは、自殺対策にも重要な役割を果たします。ゲートキーパーは、医療や福祉の専門家だけでなく、誰でも、身近な大切な人のために、その役割を果たすことができます。

心の支援「りはあさる」

メンタルヘルス・ファーストエイドによる支援では、悩みを抱えている人など、心の健康に問題を抱えている人への初期支援として、「りはあさる」をあげています。

り	リスク評価	自殺のリスクについて評価します 「死にたいと思っていますか」とはっきりと尋ねてみることが大切です
は	判断・批評せずに聴く	責めたり、弱い人だと決めつけたりしないで、どんな気持ちなのか耳を傾けて聴きます
あ	安心・情報を与える	弱さや性格の問題でなく、支援が必要な状態であること、適切な支援で状況がよくなる可能性があることを伝えます
さ	サポートを得るように勧める	専門機関に相談することを勧めます その際、説得することは適切ではありません
る	セルフケア	リラクゼーション法を実施したり、身近な人に相談したり、自分なりの対処法を試してみることなどを勧めます

ゲートキーパーとしての心得

声かけを行い、相手とかかわるときは、次のような点に注意します。

- 自ら相手とかかわるための心の準備を行う：日頃からの準備やスキルアップ、ゲートキーパー自身の健康管理、悩み相談も大切である
- 温かみのある対応をする：話をしてくれたこと、悩みを打ち明けてくれたことや、これまでの苦労に対してねぎらいの言葉をかける
- 心配していることを伝える：一緒に悩み、考えることが支援となる
- 自分が相談にのって困ったときのつなぎ先（相談窓口等）を知っておく

Step 2-1

発達障害

発達障害とは

発達障害者支援法では、発達障害を次のように定義しています。

> 自閉症、アスペルガー症候群その他の広汎性発達障害、学習障害、注意欠陥多動性障害、その他これに類する脳機能障害であってその症状が通常低年齢において発現するものとして政令で定めるもの

（政令で定めるものとは）

> 脳機能の障害であってその症状が通常低年齢において発現するもののうち、言語の障害、協調運動の障害、心理的発達の障害ならびに行動および情緒の障害

「低年齢で発現する」とは、おおむね **18歳まで** にみられるものをいいます。

自閉スペクトラム症／自閉症スペクトラム障害

3歳くらいまでに症状が発現し、次の3つの特徴を持ちます。**男児に多い**といわれます。

対人関係の障害	視線が合いにくい、他人の立場や感情が理解できにくいなど
コミュニケーション障害	オウム返しや同じフレーズの反復が多い、代名詞の人称の逆転があるなど
限定した常同的な興味、行動および活動	興味と遊びが限定的で反復的、決まったやり方に固執するなど

アメリカ精神医学会による診断基準DSM-5の改訂によって、自閉症、

アスペルガー症候群の他、レット障害、小児期崩壊性障害、特定不能の広汎性発達障害を含む総称として、広汎性発達障害と呼ばれていたものが、自閉スペクトラム症／自閉症スペクトラム障害に統合されました。スペクトラムとは、連続体という意味です。

アスペルガー症候群とは、自閉症と同じ特徴を持ちますが、明らかな認知の発達、言語発達の遅れをともなわないものをいいます。

自閉症スペクトラム障害では、個別や少人数のグループでの療育で、コミュニケーションの発達を促し、適応力を伸ばします。新しい場面に対する不安が減り、パニックに陥らないよう、**コミュニケーションの方法や環境面の工夫**が求められます。

自閉症スペクトラム障害を治療する薬はありませんが、不安やうつ症状に対して、抗不安薬や抗うつ薬が用いられる場合もあります。

局限性学習症／局限性学習障害

学習障害とは、全般的な知的発達に遅れはないのに、聞く、話す、読む、書く、計算する、推論するなどの特定の能力を学んだり、行ったりすることに著しい困難がある状態をいいます。

読字障害	よく似た文字の区別ができない、字を飛ばして読む、行を飛ばして読むなど
書字障害	書字、視写などができない
算数障害	数の大小がわからない、簡単な計算でも指を使うなど

学習障害では、**わかりやすい教材**を用いるなど、教育的な配慮、支援が重要です。

注意欠陥・多動症／注意欠陥・多動性障害（AD/HD）

年齢あるいは発達に不釣り合いな注意力、衝動性、多動性を特徴と

する行動の障害で、社会的な活動や学業の機能に支障をきたします。次の3つの症状は、**7歳以前**に現れます。

不注意	うっかりして同じ間違いを繰り返してしまう
衝動性	約束や決まりごとを守れなかったり、せっかちでいらいらしてしまうことがよくある
多動性	おしゃべりが止まらなかったり、待つことが苦手でうろうろしてしまったりする

　一般的に、**男児に多く**、症状が目立つのは学齢期ですが、思春期以降は症状が目立たなくなるともいわれています。
　通常、中度・重度の知的障害はみられません。
　ADHDでは、薬物療法として、**塩酸メチルフェニデート**や**アトモキセチン**が用いられます。
　多くのケースが、周囲からよく叱られて、"問題児"として扱われています。しかし、問題となる言動はメンタル疾患による症状と見なすことが大切です。整理整頓ができない、遅刻が多い、不器用、仕事が完成しない、気分が変わりやすい、マニュアルに従えないなどによって、しばしば日常生活に支障をきたします。しかし、これらはメンタル疾患の症状であり、ただ本人を責めても解決に結びつきません。症状として対策を考えることが必要です。

通級による指導

　小・中学校の通常の学級に在籍し、言語障害、自閉症、情緒障害、弱視、難聴、学習障害（LD）、注意欠陥多動性障害（ADHD）などのある児童生徒を対象として、主として各教科の指導を通常の学級で行いながら、障害に基づく学習上又は生活上の困難の改善・克服に必要な特別の指導を特別の場で行う教育形態がとられています。自校通級、他

校通級、巡回指導が行われています。

発達障害の可能性のある児童生徒の割合

文部科学省による「通常の学級に在籍する発達障害の可能性のある特別な教育的支援を必要とする児童生徒に関する調査結果について」によると、「児童生徒の困難の状況」は次のとおりです。

児童生徒の困難の状況	推定値
学習面又は行動面で著しい困難を示す	6.5%
学習面で著しい困難を示す	4.5%
行動面で著しい困難を示す	3.6%
学習面と行動面ともに著しい困難を示す	1.6%

ただし、「児童生徒の困難の状況」については、担任教員が記入し、特別支援教育コーディネーターまたは教頭（副校長）による確認を経て提出した回答に基づくもので、発達障害の専門家チームによる判断や、医師による診断によるものではありません。したがって、本調査の結果は、発達障害のある児童生徒数の割合を示すものではなく、発達障害の可能性のある特別な教育的支援を必要とする児童生徒の割合を示すことに留意する必要があるとしています。

摂食障害

摂食障害

摂食障害とは、特定の身体や心の病気によるものではなく、精神的な原因によって食行動に異常をきたした状態の総称で、**拒食症**（神経性食思不振症）と**過食症**（神経性過食症）があります。拒食症では、著しいやせ、過食症ではむちゃ食い行動が特徴的です。思春期の女性に多いといわれます。

成熟することへの拒否、**依存対象（主に母親）との葛藤**が発症に関係しているといわれています。身体的要因としては、**摂食調節機構の機能異常**が指摘されています。性格的には、優等生的な傾向が認められますが、偽りの成熟で、小さい頃に養育者（主に母親）との関係で欲求が適切に満たされなかったことによる人格の未成熟さがあるとされています。未成熟であるために、依存対象との分離や喪失体験に弱く、摂食障害発症の要因となると考えられています。また、家族関係も発症の要因とされ、**過保護で支配的な母親**と、**影の薄い父親**という家族像が共通すると指摘されています。

拒食症の診断基準

厚生省（現厚生労働省）研究班による神経性食思不振症の診断基準は次の通りです。

> ①標準体重の−20％以上のやせ
> ②食行動の異常（不食、過食、隠れ食いなど）
> ③体重や体型についての歪んだ認識（体重増加に対する極端な恐怖など）
> ④発症年齢30歳以下
> ⑤（女性ならば）無月経
> ⑥やせの原因と考えられる器質的疾患がない
> （備考）1、2、3、5は既往歴を含む。6項目すべてを満たさないものは疑診例

摂食障害の治療

　摂食障害は、無月経を訴えれば産婦人科、うつ状態や自傷行為があれば精神科、ひどい栄養失調があれば内科や小児科というように、問題となる症状によって**治療する科が異なり**ます。そのため、摂食障害は全体的に一貫性のある治療が難しいことが問題となります。

　摂食障害は決定的な治療法はまだ確立されていません。よって、いろいろな診療科が協力して治療にあたることが望ましいといえるでしょう。

　拒食症では、栄養状態が悪くて浮腫（むくみ）や歩行困難をきたしている場合や内科的な疾患があれば、必ず入院治療を行います。しかし、入院すれば治癒すると考えるのではなく、入院はあくまで治療の動機づけや社会性の回復などの契機と考えるのがよいでしょう。入院によって、問題行動の予防、食事行動の正常化、家族関係の調整などを行い、退院後も続く治療への動機づけを行うのです。

　治療の目標としては、**標準体重の90％程度**で、女性であれば月経があることとします。

身体的治療

　低栄養状態に対して、高カロリー輸液などの栄養補給が必要となります。そして、**規則正しく食事する習慣**を確立させていきます。しかし、あまり強制的に体重を増加させても、退院後にすぐ減少しやすいため、医療スタッフや家族との人間関係、本人の治療意欲などを改善させていくことが不可欠です。

精神療法

　拒食症は、多くの場合で自分を病気と思っていません。つまり**病識が欠如**しています。
　治療には、可能であれば個人精神療法と集団精神療法を組み合わせることが望ましいといわれています。摂食障害の患者さん同士の**自助グループ活動**も有効です。**認知行動療法**や**家族療法**もしばしば併用します。いずれにしても、専門的な知識を持った治療者のいる医療機関で継続した治療を行う必要があります。周囲の人間は、多少の体重の増減や一時的な問題行動に一喜一憂せず、長い目で治療過程を見守ることが大切です。

薬物療法

　決定的な薬物療法は確立していませんが、抑うつ感、不眠、不安感などの精神症状に対しては、対症的に**抗うつ薬**、**抗不安薬**、**睡眠薬**などを用います。抗うつ薬の中でSSRIは過食と嘔吐を減らすことに有効と考えられています。

専門的な医療機関で継続した治療を行う

やせ願望を持つ女性に対して、種々の民間療法やエステ、不認可の薬品などが横行しており、それらは高額であったり、深刻な副作用を及ぼしたりする場合があります。摂食障害に対しては、**専門的な知識と経験を持った医師**のいる医療機関で治療を行うことが必要です。まずは近隣の医療機関や保健所に相談して、必要に応じてより専門的な医療機関を紹介してもらうのがよいでしょう。

回復過程を長い目で見守る

摂食障害の治療では、とにかく**長い目で見守る**ことが重要です。摂食行動の問題だけではなく、自己否定感が強いなどの性格的な悩みを抱えていることが多いため、それらを根気よく修正していく必要があるのです。家族や友人との安定した人間関係が大変救いになります。その際、食べないことを一方的に責めたり、やせたいという願望を否定したりするのは逆効果となるだけでなく、人間関係そのものが壊れてしまいます。何も言わずに見守ることが、本人にとって一番うれしかったということもあります。どのような対応が良いのかは、専門機関の医師などとよく相談することが大切です。

Step 2-3

子どものPTSD

トラウマ体験とトラウマ反応

　生命や存在に強い衝撃をもたらすできごとを、**外傷性ストレッサー**といいます。外傷性ストレッサーによる体験を**トラウマ体験**といい、次のようなものがあります。

自然災害	地震・火災・火山の噴火・台風・洪水など
社会的不安	戦争・紛争・テロ事件・暴動など
生命などの危機にかかわる体験	暴力・事故・犯罪・性的被害など
喪失体験	家族・友人の死、大切な物の喪失など

　トラウマ体験によって、さまざまな心理的反応が生じます。これを**トラウマ反応**といいます。異常な状況に対する正常な反応であり、極度の危機にさらされた人であれば、誰にでも生じる反応です。

感情・思考の変化	現実を受け止められない、どうすればいいかわからない、恐怖や不安に駆り立てられる、感情が抑えきれなくなるなど
身体の変化	眠れない、動悸、筋肉の震え、頭痛、腹痛、寒気、吐き気、痙攣、めまい、発汗、呼吸困難など
行動の変化	怒りが爆発する、ふさぎこむ、できごとを思い出す場所を回避する、閉じこもるなど

子どもにみられるトラウマ反応

　子どもは、大人に比べて言語能力が未発達で、**身体症状や行動とし**

てトラウマ反応が現れやすいといえます。

　意識を失って倒れたり、手足が動かなくなるなどの身体症状、過度の緊張、怖い体験を再体験する、感情の麻痺、精神的混乱、喪失や体験の否定、過度の無力感、強い罪悪感、激しい怒り、著しい退行現象などがみられます。

急性ストレス障害とPTSD

　非常に強いストレス状況を体験した（心的外傷＝トラウマ）後に、強い恐怖や無力感、感情の麻痺、心的外傷の再体験（フラッシュバック）、外傷体験に関係ある状況や場面・人物を避ける、睡眠障害、過剰な警戒心、などの症状が現れるものを、心的外傷後ストレス障害（**PTSD**）といいます。

急性ストレス障害	外傷後、4週間以内に起こり、最低でも2週間、最大で4週間持続する
心的外傷後ストレス障害	4週間以上症状が持続している場合に、診断名が変更される

　非常に強いストレス状況とは、自分や他人の生命に危険が及ぶような状況が想定され、戦闘、暴行、誘拐、人質、テロ、拷問、監禁、災害、事故などがあります。子どもの場合は、**虐待も心的外傷**となります。
　ただし、症状の出現のしかたは、個人差が大きいといえます。

PTSDの診断基準

　実際に危うく死にそうなできごとを体験したり目撃したりしたあとで

A．再体験症状

B．回避症状

C．過覚醒症状

などができごとの後1ヶ月以上にわたり認められ、生活に支障を来している場合に診断されます。

ただし、アメリカで報告された疫学調査によると、トラウマ体験後にPTSDの診断基準を完全に満たした子どもは少なかったといいます。子どもは、トラウマ体験後に、部分的にPTSD症状を示したり、その他のさまざまな病態を併存して示したりすることが多いと考えらます。

災害とストレス

災害に遭い、身近な人を突然失ったり、家や大切なものを失ったり、経済的基盤を失ったりすることは、大きなストレス要因となります。避難所生活を余儀なくされ、日常生活に制限を受けることもあります。程度の差はあっても誰でも、**悲嘆**、**不安**、**心配**などの反応が表れます。休息や睡眠をできるだけとることが重要です。悲嘆、不安、心配の多くは時間の経過とともに自然に回復することが知られていますが、不眠が続いている、食欲がない状態が続いているなどの場合は、医療機関等への受診が必要です。**悲嘆のプロセス**がうまく進まなかったり、**うつ病**を発症してしまったり、**アルコール依存症**になってしまう場合があります。

自分の中だけに気持ちや思いをため込まず、吐露することが重要です。お互いに声を掛け合い、コミュニケーションをとりやすい雰囲気づくりを心がけるなど、**お互いに気づかうこと**が心のケアになります。

心配でイライラする、怒りっぽくなる、眠れない、動悸・息切れで苦しいと感じる、などのときは無理をせずに、相談するよう促すことが大切です。

厚生労働省「心の健康を守るために」より

被災された方へ

- お互いにコミュニケーションを取りましょう
- 誰でも、不安や心配になりますが、多くは徐々に回復します
- 眠れなくても、横になるだけで休めます
- つらい気持ちは「治す」というより「支え合う」ことが大切です
- 無理をしないで、身近な人や専門家に相談しましょう
- 周りの人が不安を感じているときには、側に寄り添うなど、安心感を与えましょう
- 目を見て、普段よりもゆっくりと話しましょう
- 短い言葉で、はっきり伝えましょう
- つらい体験を無理に聞き出さないようにしましょう
- 「心」にこだわらず、困っていることの相談に乗りましょう

特に子どもについては、ご家族や周囲の大人の皆様はこのようなことに気をつけましょう

- できるだけ子どもを1人にせず、安心感・安全感を与えましょう
- 抱っこや痛いところをさするなど、スキンシップを増やしましょう
- 赤ちゃん返り・依存・わがままなどが現れます。受け止めてあげましょう

Step 2-4

子どもの自殺

若い世代の自殺

　平成10年以降、14年連続して3万人を超える状態が続いていた自殺者ですが、3年連続3万人を下回るなど、近年は減少傾向にあります。
　しかし、若い世代の自殺は**深刻な状況**にあります。年代別の死因順位を見ると15～39歳の各年代の**死因の第1位は自殺**です。男女別に見ると、男性では15～44歳という、学生や社会人として社会を牽引する世代において死因順位の第1位が自殺となっており、女性でも15～34歳の若い世代で死因の第1位が自殺となっています。
　こうした状況は国際的にみても深刻で、15～34歳の若い世代で死因の第1位が自殺となっているのは、先進国では日本のみで、その死亡率も他の国に比べて高いものとなっています。

若年層の自殺の傾向

　20歳未満の原因・動機を見ると、「**学校問題**」「**健康問題**」「**家庭問題**」の自殺が多くなっています。
　若年層の自殺者数は、全年齢と比較して、**午前0時台**に多くなっています。男性と比較して、女性は、日中の自殺者数が多くなっています。
　理由は定かではありませんが、午前0時頃など、若年層が自殺に追い込まれやすい時間帯が存在する可能性があり、このような時間帯を意識した対応が重要です。たとえば、若年層の自殺にかかわる電話相談等の業務を深夜にまで延長し、若年層に周知を徹底することなどが考えられます。

また、夏休みなどの長期休暇が明ける前後に、子どもの自殺が増加する傾向があることが、内閣府の調査で裏づけられました。18歳以下では、**9月1日の自殺者**が最も多かったのです。いじめに苦しんでいる子どもが、休み明けにいじめが解消していると期待して登校したが、状況は変わらず、その落胆が自殺につながっているのではないかと考えられます。

「いじめ」の定義

　文部科学省による「いじめ」の定義は、次のとおりです。

> 個々の行為が「いじめ」に当たるか否かの判断は、表面的・形式的に行うことなく、いじめられた児童生徒の立場に立って行うものとする。
> 「いじめ」とは、「当該児童生徒が、一定の人間関係のある者から、心理的、物理的な攻撃を受けたことにより、精神的な苦痛を感じているもの」
> とする。
> なお、起こった場所は学校の内外を問わない。

　「**いじめられた児童生徒の立場に立って**」とは、いじめられたとする児童生徒の気持ちを重視することです。「**一定の人間関係のある者**」とは、学校の内外を問わず、たとえば、同じ学校・学級や部活動の者、当該児童生徒がかかわっている仲間や集団（グループ）など、当該児童生徒と何らかの人間関係のある者を指します。「**攻撃**」とは、「仲間はずれ」や「集団による無視」など直接的にかかわるものではないが、心理的な圧迫などで相手に苦痛を与えるものも含みます。
　文部科学省では、「いじめ、学校安全等に関する総合的な取組方針」を取りまとめ、いじめ問題への対応強化を図っています。

周囲が気づきやすい変化

以前と異なる行動がみられたり、状態が続くのは、**心の病気のサイン**かもしれません。早めに気づき、声をかけ、体調面なども含めて状況を聞いたり、専門機関への相談・受診を勧めます。

気になる変化

服装が乱れてきた／急にやせた、太った／感情の変化が激しくなった／表情が暗くなった／1人になりたがる／不満、トラブルが増えた／独り言が増えた／他人の視線を気にするようになった／遅刻や休みが増えた／ぼんやりしていることが多い／ミスや物忘れが多い／体に不自然な傷がある　など

自殺を考えている人の心理と自殺につながるサイン

自殺を考えている人の心理状態は、主に次のようなものがあります。

絶望感／孤立感／悲嘆／焦燥感／衝動性／強い苦痛感／無価値感／怒り／投影／柔軟性がない考え方／否認／将来の希望がないという見通しのなさ／諦め／解離／両価性／自殺念慮　など

自殺につながるサインや状況として、主に次のようなものがあります。

過去の自殺企図・自傷歴／喪失体験／苦痛な体験／職業問題・経済問題・生活問題／精神疾患・身体疾患の罹患およびそれらに対する悩み／ソーシャルサポートの欠如／自殺企図手段への容易なアクセス／自殺につながりやすい心理状態／望ましくない対処行動／危険行動　など

自殺を防ぐ要因

次のような状況があれば、自殺につながる危険性は軽減されるといえるでしょう。

> 心身の健康／安定した社会生活／支援の存在／利用可能な社会制度／医療や福祉などのサービス／適切な対処行動／周囲の理解／支援者の存在／本人・家族・周囲が頼りにしているもの、本人の支えになるようなものがある　など

自殺未遂者への対応

自殺企図に至り、実行して未遂に終わった場合は、**再企図を予防すること**が重要です。誠実な態度で自殺企図の問題について話し合うことは、再企図予防の出発点となります。

現在の自殺の危険性を確認するために、次のポイントについて現在の状況をチェックします。

①**身体的重篤度**
②**現在の自殺念慮の有無とその程度**
③**自殺の計画性**
④**自殺の危険因子**

自殺未遂者は心理的危機に陥っており、励ましや一般論ではなく、「**TALKの原則**」で、個別的背景やそこに存在する悩みを取り上げること、ねぎらい、温かい対応が必要となります。

- 誠実な態度で話しかける（Tell）
- 自殺についてはっきりと尋ねる（Ask）
- 相手の訴えを傾聴する（Listen）
- 安全を確保する（Keep safe）

子どものメンタル疾患への対応
理解度チェック

Step2

問題1 発達障害に関する次の文章で、最も適切なものを1つ選びなさい。

①発達障害は、脳機能の障害である。
②自閉症スペクトラム障害は、不注意、多動性、衝動性を特徴とする。
③学習障害は、限定した常同的な興味、活動が特徴的にみられる。
④注意欠陥・多動性障害は、特定の能力に著しい困難がある。
⑤文部科学省の調査によると、発達障害の可能性のある児童生徒の割合は、約1％と推定される。

問題2 摂食障害に関する次の文章で、最も適切なものを1つ選びなさい。

①摂食障害とは、拒食症のことである。
②摂食障害は、思春期の女性に多い。
③摂食障害の発症には、父親との葛藤が関係していると考えられる。
④摂食障害で、入院治療を行うことはない。
⑤摂食障害では、多くが病識がある。

問題3 子どものPTSDに関する次の文章で、最も適切なものを1つ選びなさい。

①子どもは大人に比べて、身体症状が現れにくい。
②心的外傷となる体験とは、生命に危険が及ぶような状況が想定され、虐待は含まれない。
③外傷体験に関係のある状況や場面、人物を避けるので、再体験は起こらない。

④4週間以上症状が持続している場合に、PTSDとなる。
⑤症状の出現の仕方は、体験した心的外傷によって類似する。

問題4 次の文章で適切なものには○を、間違っているものには×をつけなさい。

①自殺者の数は、減少傾向にある。[　]
①若い世代の自殺は、深刻な状況にある。[　]
②若年層が自殺に追い込まれやすい時間帯が存在する可能性がある。
　[　]
③夏休みなど、長期休暇に入る前に、子どもの自殺が増加する。[　]
④自殺未遂者が、再企図することはない。[　]

Step2 Check Answer

子どものメンタル疾患への対応
理解度チェック 解答と解説

問題1

① ○ 発達障害とは、脳機能障害であって、その症状が通常低年齢において発現するものをいいます。
② × 注意欠陥・多動性障害です。
③ × 自閉症スペクトラム障害です。
④ × 学習障害です。
⑤ × 学習面または行動面で著しい困難を示す児童生徒の割合は約6.5％と推定されました。

問題2

① × 摂食障害には、拒食症と過食症があります。
② ○ 摂食障害は、思春期の女性に多く、無月経を訴えます。
③ × 発症には、依存対象である母親との葛藤が関係していると考えられます。
④ × 栄養状態の悪化で浮腫や歩行困難をきたしている場合や内科的な疾患があれば、入院治療が行われます。
⑤ × 摂食障害では、多くが自分が病気であるとは思っていません。

問題3

① × 大人に比べて言語能力が未発達で、身体症状や行動として現れやすいといえます。
② × 虐待も心的外傷となります。
③ × フラッシュバックといわれる心的外傷の再体験が起こります。
④ ○ 4週間以内の場合、急性ストレス障害といいます。
⑤ × 症状の出現の仕方は、体験した心的外傷によらず、個人差が大きいといえます。

問題 4

① ○ 14年連続で3万人を超える状態が続いていましたが、近年は3万人を下回って、減少傾向にあります。
② ○ 15〜34歳の若い世代で、死因の第1位が自殺となるなど、深刻な状況にあります。
③ ○ 若年層の自殺は、全年齢と比較して、午前0時台に多くなっています。
④ × 夏休みなどの長期休暇が明ける前後に自殺が増加する傾向があり、18歳以下では、9月1日が最も多いという調査結果が明らかになりました。
⑤ × 自殺未遂者へは、再企図予防が重要になります。

◆監修者◆
厚生労働省認可法人 財団法人 職業技能振興会
1948年6月、個人の自立・自活による国内経済の回復を図るため、当時の労働省（現厚生労働省）の認可団体として設立された。現在、社会・経済・労働など多様化する環境の変化に機敏に対応し、社会的ニーズの大きい情報技術・教育・医療・環境分野をはじめ、時代に即応した技術者および資格者の養成に事業活動の分野を展開している。

◆著者◆
一般社団法人 クオリティ・オブ・ライフ支援振興会
財団法人職業技能振興会が認定する「ケアストレスカウンセラー」の公式テキストの制作に携わる他、医療・福祉系の資格取得を目指す人をサポートし、著作多数。理事長の渡辺照子は、心理カウンセラーとして厚生労働省社会保障審議会推薦の「絆〜ママへのラブソング」を作詞。「絆〜ママへのラブソング」ストーリーブックとして『絆』をアスペクト社より出版。学校、地方自治体などで講演多数。

ケアストレスカウンセラー資格試験 問い合わせ先

財団法人 職業技能振興会
〒151-0051 東京都渋谷区千駄ヶ谷5-16-6　パレ・ジュノ3階
TEL：03-3353-9181　FAX：03-3353-9182
Email:office@fos.or.jp
（土曜・日曜・祝祭日を除く 10：00〜18：00）

視覚障害その他の理由で活字のままでこの本を利用出来ない人のために、営利を目的とする場合を除き「録音図書」「点字図書」「拡大図書」等の製作をすることを認めます。その際は著作権者、または、出版社までご連絡ください。

青少年ケアストレスカウンセラー 公式テキスト

2016年5月20日　初版発行

監修者　厚生労働省認可法人 財団法人 職業技能振興会
著　者　一般社団法人 クオリティ・オブ・ライフ支援振興会
発行者　野村直克
発行所　総合法令出版株式会社
　　　　〒103-0001 東京都中央区日本橋小伝馬町15-18
　　　　ユニゾ小伝馬町ビル9F
　　　　電話　03-5623-5121

印刷・製本　中央精版印刷株式会社

ISBN978-4-86280-503-4
Ⓒ Quality of Life Institute of Japan 2016
Printed in Japan
乱丁・落丁本はお取り替えいたします。
総合法令出版ホームページ　http://www.horei.com/

ケアストレスカウンセラー公式テキスト

企業中間管理職
ケアストレスカウンセラー公式テキスト

厚生労働省認可法人 財団法人 職業技能振興会 監修 | 定価 2,000 円＋税

働く世代のストレスと向き合う資格！
ケアストレスカウンセラーは厚生労働省認可の財団法人「職業技能振興会」が認定している、心理カウンセラーの資格です。その種類は、「青少年ケアストレスカウンセラー」「企業中間管理職ケアストレスカウンセラー」「高齢者ケアストレスカウンラー」と大きく３つに分けられます。日本の企業社会において、最も多くのストレスを抱えるのが中間管理職といわれています。厳しい職場で蓄積した中間管理職のストレス、精神衛生問題を扱うのが、企業中間管理職ケアストレスカウンセラーです。

ケアストレスカウンセラー公式テキスト

**高齢者
ケアストレスカウンセラー公式テキスト**

厚生労働省認可法人 財団法人 職業技能振興会 監修 ｜ 定価 2,000 円＋税

高齢者のストレスと向き合う資格！
ケアストレスカウンセラーは厚生労働省認可の財団法人「職業技能振興会」が認定している、心理カウンセラーの資格です。その種類は、「青少年ケアストレスカウンセラー」「企業中間管理職ケアストレスカウンセラー」「高齢者ケアストレスカウンラー」と大きく３つに分けられます。「高齢者ケアストレスカウンラー」は高齢者本人のストレスはもとより、ケアする家族、さらに高齢者施設の職員のストレスにも対応する専門職です。